JN314182

サプライチェーンマネジメント講座

黒田 充・大野勝久 監修

1

納期見積りと
生産スケジューリング

受注生産状況下での情報共有と連携

黒田 充 著

朝倉書店

はしがき

　この度，サプライチェーンマネジメント講座の一巻として「納期見積りと生産スケジューリング―受注生産状況下での情報共有と連携―」を刊行することになった．本書は受注生産企業でごく一般的な問題である"納期遵守とリードタイムの短縮"をサプライチェーン・マネジメント（SCM）の観点から取り上げ，関連する諸問題について分析を行ったものである．

　SCMが産業界において広く受け入れられた理由の一つとして，その基本理念が現代社会の要請に合っているという点が挙げられよう．かつて，企業経営はその企業の存続をより確かにするための活動と考えられ，その定義もまた社会の理念に相容れられると見なされていた．しかし，今日では企業は社会から多くの事項が明示的に求められる存在へと変わってきた．企業は社会の構成員としてその役割を考え，具体的な行動によって絶えずその存在の意義を社会に示さねばならなくなった．

　SCMの概念は1990年前後に形成されたものであるが，その基礎理念として"顧客価値の最大化"を掲げている．しかも，各企業の活動はサプライチェーンの一部にかかわるだけではなく，それぞれがサプライチェーンの一パートナーとして，その活動は下流で行われるすべての活動に影響を及ぼすものであることが意識付けられる．多くの場合，サプライチェーンの末端のパートナーは消費者に他ならないから，"顧客価値の最大化"は"消費者価値の最大化"に置き換えられる．SCMが現代的な経営管理として見なされる所以はこの点にあるといってよい．

　"情報共有"はSCMの教科書で必ずしも取り上げられていないが，それはSCMで一般に用いられる方法論であるといえる．パートナー同士が協働（コラボレーション）を通して問題解決を図るに当たって，一方のパートナーが持っているあるいは持ち得る"情報"を他のパートナーに提供することが行われる．大事なことはいかなる"情報"をどのように共有するかであり，"情報共有"はしばしば協働の目的となり，その意味でサプライチェーンにおけるパートナーによ

る協働の華である．

　共有の対象になる情報は，片方のパートナーが持っている情報であることが一般的であるが，今までに所有してなかった情報を新たに創生することもある．この場合は，当然のことながら革新的な問題解決の実現に繋がり得る．本書では，受注生産企業が常時対面する，あるいは遭遇する問題を取り上げ，それらの問題解決を"情報共有"の観点に立って行うことについて述べる．必然的にいままでに存在しなかった情報を生成し，問題にかかわるパートナーがそれを共有する意義を明らかにする．

　受注生産企業の問題はとりわけ顧客と製造業者がかかわるものであり，納期見積り，納期の設定，納期遵守，リードタイムの短縮，顧客の仕様変更，設計変更，さらにリードタイムの短縮に関しては，共用部品，つまりモジュールの開発と維持，その陳腐化のリスク管理，また仕様未確定オーダーの発注と受注などがある．本書ではそれらの問題解決に当たって共有が望まれる"情報"が何であるかを定量的な分析を通して具体的に示すことが行われる．

　必然的に顧客と製造業の"企業間情報共有"，製造業の営業部門・設計部門・生産技術部門などの"部門間情報共有"が不可欠であり，その実現には従来のビジネス慣習に捉われないことが必要である．そのためには，前述したSCMの基礎理念がエネブラーとして重要な役割を持つ．つまり，顧客や消費者にとって何が望ましいかという視点とそれに基づくクロスファンクショナルな行動が求められ，それは今や一般化した地域や民族を超えたグローバル経営の思考とも相容れるものであろう．

　前述した受注生産企業が対面している，あるいは遭遇し得る問題は，時間の経過とともに進行し，変化する動的な性質を持つもので，わが国の企業でそれらはよく知られていても，その複雑さゆえに，客観的な分析を通してそれらの取扱いに関する知見を求める試みはほとんどされていなかった．折しも90年代の後半に米国でAPSの概念とソフトウェアが出現し，日本にそれが紹介されたのをきっかけとしてこの種の問題に対する関心が産業界・学界で急激に高まった．筆者の研究室においても，納期見積りを中心にこれらの問題を取り上げて定量的な分析を行うとともに，いくつかの企業の協力を得て現在までにいろいろな観点に立った調査・研究を実施する機会に恵まれた．

　研究の成果については，その都度，断片的に国際会議で発表したり，内外の英

文ジャーナルの論文として刊行したりしてきたが，この度の「サプライチェーンマジメント講座」の出版に当たって一連の研究成果を著書にまとめることにした．講座の趣旨が学界での研究成果を産業界に還元することにあったため，可能な限り平易に解説するとともにそれらの現実的な意義を述べるように努めた．実務家の方々の手によるそれらの成果の現実問題への適用，あるいはより実際的な視点に立った新しい展開に役立てていただくことを願って止まない．

本書を構成する定量的分析のほとんどは，筆者が在籍した青山学院大学理工学部経営工学科（2000年より経営システム工学科に改称）の研究室においてなされたものであり，それらは多くの大学院生や卒研生の創造性と努力の賜物であることを記しておく．この場を借りて彼らに感謝の意を表する．私自身は50年近くにわたって経営工学領域の研究に従事し，いまなお研讃を積む日々を送っている．これは，今まで私を支え続けてくれた妻のお陰であることを改めて感じる．この書を妻に捧げ，私の謝意を表したい．最後に，朝倉書店編集部には，講座の企画から始まり，本書を含めて講座全巻の刊行に至るまで大変お世話になった．心から御礼を申し上げる．

2011年9月
狛江の自宅にて

黒田　充

目　　次

第1章　序　　論 ··· 1
　1.1　情報共有とサプライチェーン・マネジメント ····················· 1
　1.2　受注生産状況下の情報共有 ·· 3
　1.3　APSと納期見積り ··· 5
　　1.3.1　APSとは何か ··· 5
　　1.3.2　日本企業の納期に対する考え方 ································ 6
　1.4　本書で取り上げる問題とそれらの取扱い方 ······················· 9
　　1.4.1　本書で取り上げる問題 ·· 9
　　1.4.2　本書におけるこれらの問題の取扱い ······················· 17

第I部　基　礎　編 ·· 21
第2章　納期バッファを用いた納期見積り法 ······························ 22
　2.1　納期見積りのための従来の方法 ······································ 22
　2.2　納期バッファを用いた納期見積りアルゴリズム ················ 24
　　2.2.1　シミュレーションから納期見積りアルゴリズムに向かって ········ 24
　　2.2.2　納期バッファの利用 ··· 25
　　2.2.3　納期見積りのためのスケジューリング・アルゴリズム ········ 26
　2.3　納期バッファの有効性を調べるための数値実験 ················ 29
　　2.3.1　数値実験の計画 ··· 29
　　2.3.2　数値実験の結果 ··· 30
　2.4　納期バッファが持っている性質の一般性を検証するための数値実験 ···· 34
　　2.4.1　数値実験の計画 ··· 34
　　2.4.2　数値実験の結果 ··· 36
　2.5　納期バッファに関する別の視点に立った数値実験 ············· 40
　　2.5.1　納期バッファの性質 ··· 40

2.5.2　数値実験の計画と結果……………………………………40
　2.6　ま　と　め………………………………………………………43
　　　　Q&A（1）…………………………………………………………44

第3章　動的な資材引当てを同時に行う納期見積り……………46
　3.1　資材調達と納期見積り……………………………………………46
　3.2　ダイナミック・ペギング…………………………………………48
　　　3.2.1　ダイナミック・ペギングの定義……………………………48
　　　3.2.2　ダイナミック・ペギングの手順……………………………48
　　　3.2.3　ダイナミック・ペギングの手順が持つ意味………………51
　3.3　数　値　実　験……………………………………………………53
　　　3.3.1　数値実験の計画………………………………………………53
　　　3.3.2　数値実験の結果………………………………………………55
　3.4　検　　　討…………………………………………………………58
　3.5　ま　と　め…………………………………………………………60
　　　　Q&A（2）…………………………………………………………61

第Ⅱ部　応　用　編………………………………………………63

第4章　顧客要求納期とメーカー理想納期…………………………64
　4.1　サプライチェーンのパートナーとしての顧客と製造業者……64
　4.2　メーカー理想納期と共有情報の価値……………………………66
　4.3　計画レベルのスケジューリングとショップスケジューリング…69
　4.4　数　値　実　験……………………………………………………71
　　　4.4.1　数値実験の計画………………………………………………71
　　　4.4.2　数値実験の結果………………………………………………74
　4.5　情報共有の方法……………………………………………………78
　　　4.5.1　視覚化による協調の実現……………………………………78
　　　4.5.2　トレードオフ曲線に基づく納期と価格の設定……………79
　4.6　ま　と　め…………………………………………………………81
　　　　Q&A（3）…………………………………………………………81

第5章　納期短縮のための製品間における中間製品の共用化 … 83
5.1 モジュール生産 … 83
5.2 モジュール化によるリードタイムの短縮と在庫管理 … 84
5.2.1 ハイブリッドシステムの利用 … 85
5.2.2 共用される中間製品，つまり標準品の在庫管理 … 86
5.2.3 モジュール化の程度の尺度化 … 87
5.3 数 値 実 験 … 88
5.3.1 数値実験の計画 … 88
5.3.2 数値実験の結果 … 91
5.4 考　　察 … 95
5.5 ま と め … 96
Q&A（4）… 96

第6章　リードタイムと在庫投資額を考慮したモジュール配置の最適化 … 98
6.1 受注生産におけるモジュール在庫配置問題 … 98
6.2 モジュール在庫配置問題のモデルと解析法 … 100
6.2.1 モジュール在庫配置問題のモデル … 100
6.2.2 モジュール在庫配置問題の解析法 … 102
6.3 数 値 実 験 … 105
6.3.1 数値実験の計画 … 105
6.3.2 数値実験の結果 … 108
6.4 考　　察 … 113
6.5 ま と め … 115
Q&A（5）… 115

第7章　仕様未確定オーダーの納期見積りとスケジューリング … 117
7.1 仕様が未確定の顧客オーダーを対象とした納期見積り … 117
7.2 仕様確定過程のモデル化 … 118
7.2.1 仕様未確定オーダーの定義 … 118
7.2.2 時間経過と仕様確定時刻について … 121
7.3 仕様未確定オーダーの納期見積り … 122

7.3.1　長納期バッファの利用 ……………………………………… 122
　7.3.2　ダミー・コンポーネントの利用 ……………………………… 125
　7.3.3　理想クリアータイムの見積り ………………………………… 127
　7.3.4　未確定コンポーネントの確定に伴う見積り納期の修正 ……… 128
7.4　仕様未確定オーダーを含むすべてのオーダーの取扱い ……………… 130
　7.4.1　システムの概容 ………………………………………………… 130
　7.4.2　用語と諸機能の説明 …………………………………………… 131
7.5　考　　察 ……………………………………………………………… 134
7.6　ま と め ……………………………………………………………… 136
　　　Q&A（6）………………………………………………………… 137

参 考 文 献 ………………………………………………………………… 139

記号一覧表 ………………………………………………………………… 143

索　　引 …………………………………………………………………… 147

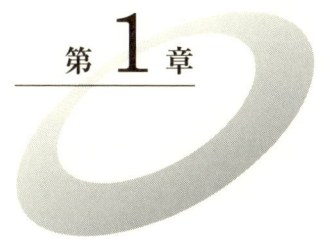

第1章 序論

1.1 ● 情報共有とサプライチェーン・マネジメント

近年,情報共有(information sharing)という言葉が社会で広く用いられるようになった.このように述べると,"情報共有"はかなり以前からいずれかの領域で用いられていたように受け取られるかもしれないが,この言葉がよく使用されるようになったのは海外でも1980年代であって,それも経済学・経営学領域の論文に限られてのことであった.1990年代も終わりに近付き企業経営における情報共有の意義が知られるようになるとともにサプライチェーン・マネジメントの概念形成が進み[5],それらの事実に啓発されて多くの研究者が情報共有を取り上げた論文を発表するに至った[24].

サプライチェーン・マネジメントの理念がわが国の産業界で広く受け入れられ始めたのは2000年代の後半に入ってからのことであり,情報共有が学界の垣根を越えて知られるようになった背景として,サプライチェーン・マネジメントの産業界での普及があったといえよう.現在では,情報共有は社会で生じる様々な問題の解決に役立つ方法として理解されるようになっている.しかし,それらはこれから述べるサプライチェーン・マネジメントで受け入れられている情報共有の意味を拡大解釈して使用されることが多い.

情報共有はサプライチェーン・マネジメント(SCM:Supply Chain Management)と称する経営管理技術を特徴付けるものである.ここで,サプライチェーン・マネジメントについて少し述べておこう.これは,何らかの製品のサプライチェーンにおいて企業が行っている,生産・物流・販売などの様々な活動を顧客の視点に立って見直したものである[*1].顧客にとっては欲しいものが早く手

[*1] SCMの場合,顧客はそのサプライチェーンの末端の最終消費者を指していると考える

に入れることが望ましい．また，欲しいものには顧客が望む性能・デザイン・品質などが備わっていることが必要であるが，それだけではなくその価格が入手しようとするものに相応しい額でなくてはならない．たとえば，品切れがないように流通過程の各段階で製品の在庫を十分保有することがかつては行われていたが，そのような在庫保有は顧客にとって必ずしも好ましくはない．なぜならば，必要以上に多い在庫は品物の価格を引き上げるだけの存在であり，顧客にとっては価値がないどころかむしろ負の価値が押し付けられることになるからである．

いま述べた顧客の要望が満たされる度合いを SCM では顧客価値（customer value）と呼んでいる[5]．実際には，顧客の要望を実現すること，つまり顧客価値を高めることは容易でない．ある製品が最終消費者の手に渡るまでには，原材料や部品の製造業者，最終製品のメーカー，原材料・部品・最終製品を輸送する運送業者，最終製品を売る販売業者などの手を経るため，その製品にかかわるすべての業者が前述したような共通の視点に立って協働する必要があるからである．

SCM の事例として知られているものの多くは，そのサプライチェーンにおいて，製品の価格やリードタイムを削減するうえで効果の大きい活動にかかわっている複数の企業が連携して問題解決に当たるというものであり，このような活動を企業間連携という．重要なことは，企業間連携に当たって当面する問題の解決に役立つ情報がそれを保有している企業から保有していない企業に提供され，情報を得た企業によるその利用を通して問題が効果的に解決され，情報共有を目的として連携に携わる企業はもちろんのこと，最終消費者にも利益がもたらされるという点である．そのような情報の利用形態を SCM では情報共有と呼んでおり，連携という企業間の関係に目標を与えるものであり，情報共有は SCM における問題解決の方法論を示しているといえる[*2]．

情報共有は企業間に限らず，たとえば，設計部門と製造部門のような異なった部門間でも行われる．もちろん，部門間の情報共有は SCM が知られる以前から行われていたことであるが，SCM という一つの企業を超えたより大きな枠組みの中でそれが行われるために部門間情報共有の実現が容易になり，いっそう稔り

ことによりその理念は分かり易くなる．

[*2] 日本の自動車メーカーと鋼板メーカーの間で行われた見事な情報共有の事例が参考文献 5)に示されているので参照されたい．情報共有の意味がよく理解できるに違いない．

豊かなものになった．企業間の情報共有であろうと部門間の情報共有であろうと，どんな情報を共有するかを定めることが重要である．既存の情報を共有することもあれば，いままでに存在しなかった新しい情報を創出してそれを共有することもある．本書では，後者の情報共有を取り上げる．つまり，実際に日々遭遇する問題を上手く解決するために，現実を示すデータから必要な情報を造り出し，それを企業間あるいは部門間で共有することに的を絞って述べることにしたい．いうまでもないが，情報共有は近年における社会全般に行き渡る情報技術の普及とその高度利用化を背景としており，今後社会の様々な問題解決に広く利用されていくものと思われる．

1.2 ● 受注生産状況下の情報共有

　本書は製造業における問題を対象とする．従来，製造業に見られる生産形態は三つの視点に立って分類されてきた[26]．一つは受注と生産の時期から見たものであり，受注が生産に先行する場合を受注生産と呼び，逆に生産が受注に先行する場合を見込生産と呼んでいる．後者の場合，製品が最終消費者によって購入されるときをもって受注が生じたと考えている．これは，製品の仕様が誰によって決められるかという分類でもある．顧客によって決められる場合は受注生産，製造業者によって決められる場合は見込生産である．

　二つ目の分類法は，品種と生産量の関係から見たものであり，品種が増えると1品種当たりの生産量が減少し，逆に品種が減ると1品種当たりの生産量が増加するという関係が認められる．前者を極限近くまで進めた状態を多種少量生産と呼び，後者を極限近くまで進めた状態を少種多量生産と呼んでいる．

　三つ目の分類法は，工場で個々の仕事がどれだけまとめられて流されているかという視点から見たものである．顧客の注文に応じて1回限りの生産が行われる場合があり，これを個別生産と呼んでいる．これに対して，同一の製品がある期間にわたってまとめて生産されることが品種を変えながら繰り返して行われる場合をロット生産，さらに長期間にわたって生産される場合を連続生産と呼んでいる．

　この分類は工程の形態から述べられているが，工程が自由に選べるという意味はなく，生産する製品や部品の多様性の程度や需要の大きさによって，それらの

生産を実施する工程の形態はおのずから決まるのが普通である.

いま述べた生産形態の分類法は古典的であることが否めない.たとえば,耐久消費財の普及率は1960年代の終わり頃から伸び始め,1970年の後半には,電気冷蔵庫,洗濯機,カラーテレビなどの主要な家庭用電気製品が次々と95％を超えたことを示す統計が残されており,その結果として,顧客の要望に応えて製品の多様化が始まり,多くの製造業において多品種少量生産化が進展した[30].

さらに,製品のライフサイクルの短縮化が進み,製品在庫の削減と陳腐化を避けるために見込生産を行っていた製造業で,生産工程の後半を受注生産に切り替える試みが見られるようになった.SCMでは,このような製造業の試みを一般化してポストポーメント(postponement)と呼んでいる.この邦訳として"遅延戦略"がよく用いられるが,訳出の理由は以下のものである.見込生産は製造業が顧客に代わって製品の生産に先立って製品仕様を決定するのに対して,ある段階まで製品を製造した後で市場の動向を見て仕様を決定して製造と販売をする場合は,仕様決定を戦略的に遅らせていると見なせるからである[19].

ポストポーメントは見込生産に受注生産を部分的に取り込んだものづくりの方法であるが,受注生産に見込生産を部分的に取り込んだ作り方もある.顧客の注文に基づいて個々の製品を設計して製造する場合でも,製品を構成する中間製品に関しては異なった顧客からの受注に応じて生産する製品の間で共通して用いられることがある.このような場合に,共通性のある中間製品の反復的な需要を見込んで製造すると,リードタイムの短縮や製造費用の削減ができる.ただしこの場合は,見込生産によって作られた中間製品には陳腐化のリスクがある.また,このような生産形態をとっている製造現場では,性質の異なる個別生産とロット生産が混在するために,全体の生産管理が複雑になる.

さきほど古典的という表現を用いたのは,製造業の形態が概して受注生産,多品種少量生産,個別生産あるいは小ロット生産に推移しつつあるというのが現実であり,形態を分類する意味合いが薄らいできたからに他ならない.さらに,それに伴って新しい変化が見られるようになった.設計が行われた後に製造が実施されるという時間的関係の存在は,かつては生産活動の常識であったが,受注を受けてから製品を納入するまでの時間であるリードタイムが短縮され,設計が終了する前に生産準備を始めることは当然となり,また製造開始後に設計変更が行われるという事態が頻繁に見られるようになった.

このことは生産の問題が質的に変化したことを意味している．つまり，製品設計と製造を統合して考える必要が生まれ，製品設計を含む生産活動を実施する方法やその組織のあり方の見直しが迫られるようになってきた[31]．より具体的にいえば，いままでのように設計部門・生産技術部門・製造部門がそれぞれ独立した部門として存在するのではなく，部門間でクロスファンクショナルな関係を定常的に維持していく必要が求められるようになった．すでに述べた言葉を用いて表現するならば，それらの部門間で，さらに顧客も含めてリアルタイムに近い情報共有に基づく協働（コラボレーション）が避けられなくなってきたといえる．本書の副題である"受注生産状況下での情報共有と連携"はいま述べたことを表している．"受注生産状況"という表現は，受注生産という用語が持っている従来から受け入れられている意味に捉われないように，より広い意味を表す言葉として用いた．

1.3 ◉ APSと納期見積り

1.3.1 ● APSとは何か

　本書で取り上げる問題である納期見積りについてようやく述べられるまでに至った．この問題について著者が関心を持つに至るきっかけとなったのは，1990年代後半に米国で生まれたAPS（Advanced Planning and Scheduling）と呼ばれる製造マネジメントの概念とそれを実現するパッケージである[29]．1990年代後半は米国でSCMが普及した時期であり，そのための様々なパッケージが開発され，また販売されていたから，いまから考えるとAPSはそのような時勢を背景として登場したものであったといえよう．SCMのパッケージとして，当時，需要予測，在庫管理，配送計画のような見込生産向きのものが多く開発されたように記憶している．生産関係のパッケージとしては，MRP（Material Requirement Planning）がそれ以前から米国では不動の地位を獲得しており，さらに諸機能を追加するとともに，SCMを意識して流通在庫も生産計画に反映できるように拡張され，MRP Ⅱ（Manufacturing Resource Planning）の時代にすでに入っていた．明らかに，それらのパッケージは見込生産形態の製造業とその製品を輸送する流通業を対象としたものであって，典型的な受注生産あるいは個別生産の形態をとる企業向きのパッケージはあまり目に付かなかった．APSはこのよ

うな当時のパッケージ市場のニッチを意識して生まれたものに違いない．

APSの大きな特徴は納期見積りである．製造業者は顧客から製品仕様が提示されると直ちに実現可能な納期を見積り，顧客は見積られた納期とともに示された価格が適切であると判断すれば発注を行い，さらに製造業者は納期通りに製品を顧客に納入する．このような顧客と製造業者の間で結ばれる取決めをパッケージの支援のもとに実行するというものがAPSの基本概念である[*3]．

米国で，顧客の引合いに応じて製造業者がスケジューリングを行って納期を見積ることは，90年代初頭にすでに行われていたことを記している文献がある．わが国で紹介されたのは1995年になってからであったけれども[37]，英文の文献はその何年も前に発表されており[38]，APSの原型となる事例は1990年前後にすでに存在していたものと思われる．両者における違いは，事例ではスケジューリングは待ち行列網解析によって行われているのに対し，APSではシミュレーションを用いて行われているという点である[*4]．いうまでもないが，その数年間における技術の進歩は著しく，コンピュータの性能の向上によってシミュレーション・ベースのスケジューリングは対象とする生産工程の規模や種類と無関係に短時間で行えるようになり，それとともに正確に納期を見積り，その納期を遵守できるようにスケジュールを作る方法が見出されるに至った．

1.3.2 ● 日本企業の納期に対する考え方

米国の受注生産企業では納期を製造業者が見積ることはごく普通に行われる．一方，わが国では納期は顧客によって与えられるものという考え方がある．もちろん，明らかに実現が難しい納期が顧客によって示された場合には顧客と交渉して納期を先にずらすことなどは行われるが，何らかの納期見積り法を用いて納期を見積ることは少ない．納期見積りは，造船業のドッグのような大型設備や航空機のような広い作業スペースを使用して製品を組み立てる場合は，それらの主要生産設備の利用可能時期に基づいてかなり厳密に納期が定められるが，複数の設

[*3] APS (Advanced Planning and Scheduling) は資材調達計画の作成と生産資源のスケジューリングを同期的に行う生産管理概念とそれを実施するソフトウエアを指している（参考文献8, 26, 28）．その後，米国でSCMに用いられる諸計画の作成・最適化のソフトウェアを指すAdvanced Planning Systemの略称としても用いられている（参考文献3）．日本では通常APSは前者の意味で用いられる．

[*4] 待ち行列網解析の方法については参考文献4) pp. 51-77 を参照のこと．

備を多くの顧客オーダーのために共用するような場合には確立された方法はいままでなかったといってもよい．強いて挙げれば，過去に受注した顧客オーダーの実績リードタイムを参照して見積るものがある．これは，利用し易い方法であるけれども，受注した顧客オーダーの生産が行われた時期の製造現場の負荷状況がデータとして利用できなければ推定値の信頼性は低くなる．

負荷状況を考慮して引合い中の顧客オーダーの納期を見積る方法として，MRPで用いられているタイムバケットのように時間軸を等分割し，使用設備別の1期間当たりの容量に対して，顧客オーダーの作業を加工順序に従って作業を一つずつ山積み（finite loading）するという方法がある．他の顧客オーダーの作業がすでに山積みされているために，これから山積みをしようとしている作業に必要な容量が残っていなければ，それ以降で余裕のある期に割り付けるというものである．したがって，仮に1期間の長さが1時間であって顧客オーダーが八つの作業からなっているとすると，それぞれの作業の所要時間が30分を要しなくても，顧客オーダーの総処理時間は8時間以上かかることになる．実際にはほとんどの設備で待ち行列が生じるから総処理時間が長くなることは当然であるが，待ち行列のない設備で処理が行われる場合でも計画上の総処理時間は8時間以下にはならないので，見積りリードタイムは必要以上に長くなり，そのために求められる納期は顧客の要望に合わないものになり兼ねない．この方法はコンピュータが普及する以前に人手を使って山積みをする手段として考えられたものであり，一方，APSのパッケージでは納期見積りにシミュレーションが用いられ，その結果としてどのような生産工程の取扱いもでき，しかも短時間で早くて正確な納期が求められる．

ところで，日本で納期見積りが一般に行われなかったのは，その方法として適切なものがなかったからではなく，別の理由があるように思われる．それは日本企業の生産能力の柔軟性についての考え方の違いである．

SCMにおける生産能力の柔軟性とは，ある期間中に処理できる仕事の量がどれだけ変更可能であるかという程度を示すものである．これは実際には複雑であり，製品や製造工程の特徴，作業者の多能化の程度，FMSのような高度に自動化された生産設備の利用可能性，労働組合と企業との間の取決め，残業・夜間操業・休日出勤などを行う場合に発生する追加的な費用の大きさなどによって決まる[34]．

一般的には，米国企業に比べて日本企業の生産能力の柔軟性は高いといってよい．理由は米国の労働組合が産業別組合を中心としているのに対し，日本のほとんどの組合は企業別組合であるために組合と企業間での意思疎通が行い易く，経済情勢・市場の動向を考慮して生産能力の柔軟性を高めるような取決めを交わすことや，夜間操業・休日出勤などの追加費用についてもその時々の会社の事情を反映することの障害が低いからである．

その上日本企業では，顧客の要望をできる限り受け入れることを良いと考える企業文化があり，いま述べた日本企業の生産能力の柔軟性の高さとあいまって，顧客からの引合いに応じて精度の高い納期見積りを行うことの意義などは考えようとしなかったといえるかもしれない．しかしながら，このような理由によって客観的な納期見積りを行わずに，顧客の要望に応じて納期を決めるような慣行が続けられるならば，この一見好ましい取引慣習の中に多くの問題点が隠されることになる．一つの問題点は，企業のある顧客と他の顧客との間で本来必要とされる対応上の平等性が損なわれるというもので，その結果，納期の取決めに関して特定の顧客を優遇することになり，他の顧客にその影響が及び，顧客は希望するものより遅い納期を受け入れざるを得ないという状況に置かれることが生じ得る．

もう一つの問題点は製造費用に関するものである．生産能力の柔軟性は多くの場合に費用によって裏付けられたものであるから，柔軟性に無思慮に依存する生産，言い換えれば，受注の仕方は製造費用を高め，製品価格の増加をもたらすことになる．SCMの考え方に従えば，生産能力の柔軟性にただ依存する受注の仕方は顧客価値の低下に繋がることは確かであり，それによって生じる不利益は避けなくてはならない．

さらに大きな問題点は，論理性に欠ける受注とそれに基づく生産活動を行う限り，信頼できる中短期生産スケジュールを作成する意味がなくなり，その結果として当面の納期遵守は日々の短期的な生産スケジュールの作成に委ねざる得なくなり，作業者や現場の管理者に大きな負担が掛かる．それだけでなく，海外生産の実施に際しては，世界における共通理念と見なされている合理性の欠如が製造マネジメント全般にわたる様々な混乱を招く原因になり兼ねない．

とるべき選択は，費用の増加を招かずに生産能力の柔軟性の維持・向上を図る方法を普段から準備し，顧客価値の増大を指向する経営のあり方を追求する以外

にないように思われる．

1.4 ◎ 本書で取り上げる問題とそれらの取扱い方

1.4.1 ● 本書で取り上げる問題

　まず，本書の構成について述べる必要がある．全部で七つの章から本書はなっており，1章を除く2〜7章を基礎編と応用編に分けている．2章と3章から構成されている基礎編では応用編を構成する4〜7章の各章で用いるツールの提案と説明を行う．応用編では受注生産状況のもとで実際に生じる問題を取り上げ，それぞれの問題が基礎編で提示されたツールを用いればそれらの問題がどのように解決できるかについて解説する．基礎編の各章においても問題を取り上げるが，問題の意味が応用編のものと異なっている．基礎編での問題は，ツールについての問題であり，基礎編を構成する二つの章は，それを用いれば何ができるか，またそのツールが持っている性質がいかなるものであるかを示すことにその役割がある．

　いままでに述べてきた通り，本書では，受注生産状況下での納期見積りの方法と納期見積りに伴って作られる中長期的な生産スケジュールを取り上げる．このスケジュールは製造現場で行われる日々の生産活動の基礎となるものであり，必要に応じてリアルタイムに更新されるが，それぞれの顧客オーダーの完了日がその納期を超えることはないようにその更新が行われる必要がある．以下において，各章で取り上げる問題とそれらの分析を通して何が明らかになるかについて述べる．

a．**納期バッファを用いた納期見積りの方法**

　さて，納期見積りの必要性についてさきほど述べたが，APSで使用している方法については公開されていない．そこで，2章においてAPSで用いられているものと同様の機能を持っている納期見積り法について解説する．次々と顧客オーダーが到着する状況下で納期を見積り，受注が確定するとその納期オーダーの生産スケジュールは，すでに到着済みの顧客オーダーのスケジュールを含む全体スケジュールに織り込まれる．実際には段階を踏んで行うのではなく同時に実施されるが，説明の便宜上このような表現方法を用いている．APSにおいて述べられている機能とは，新たに組み込まれる顧客オーダーのスケジュールの影響を

受けて，すでに存在している顧客オーダーのスケジュールが示す完了予定日がその納期より後にならないようにするというものである．人手によってスケジュールを作成する場合にはこのことは当然配慮されるが，シミュレーションによってスケジューリングを行う場合にこの保証はない，つまり，何パーセントかの顧客オーダーについては納期遅れが発生する[4]．

納期遅れの回避を保証するために，納期バッファと呼ばれるものを各顧客オーダーに与える．この納期バッファは名称から想像されるように余裕時間としての意味を持っており，納期バッファは顧客オーダーの進捗につれて減少する．納期バッファの大きさはパラメーターとして利用され，パラメーターの値は全体スケジュールが更新される都度観測され，いずれかの顧客オーダーのパラメーターの値が負になった場合に，シミュレーションの方法を取り替えてスケジューリングのやり直しを行う．本書では3種類のシミュレーションが実行できるように用意されており，納期バッファはシミュレーション結果の観測とその管理を実施するパラメーターとしての役割を持っている点にこの納期見積り法の特徴がある．

シミュレーションによって求めた新たに到着した顧客オーダーの見積り完了時刻にこの納期バッファを加えたものが，そのオーダーの見積り納期として完了時刻が来るまで用いられ，完了時刻が納期を超えないことがいま述べた方法によって実質的に保証される．興味深いことに納期バッファの大きさを取り替えてシミュレーションを実行すると，ある範囲内でその大きさが大きいほどリードタイムは短くなる．これは，バッファの大きさを増加することによってスケジューリングの融通性が高まるという理由によって説明できる．

本節の冒頭で述べた本書を通して利用するツールとは，いま述べた納期見積りとスケジューリングの方法を指している．

b. 動的な資材引当てを同時に行う納期見積り

2章では個別生産を前提とした受注生産状況が取り上げられた．つまり，顧客が望む製品の生産に必要な部品のすべては受注が確定してから生産が行われる．それに対して，3章ではそれぞれの製品の発注が他の顧客からも繰り返し行われる状況下で前述した納期見積り法を適用する仕方について述べる．

さらに，3章では顧客の製品仕様が受注後に頻繁に変わる状況を想定している．ただし，変化する顧客の仕様は製品の発注量に限られ，顧客オーダーの何パーセントかが高々1度に限り受注後にその発注量が増大あるいは減少することが

仮定されている．発注量の変化の程度は小さい場合も大きい場合もあるが，平均的な稼働率を一定に保つ必要から，変化量の総計は0になるように設定されている．しかし，各顧客オーダーの発注量の変動は各ワークセンターでの負荷量の時系列的な変化をもたらす一方，それぞれの納期は当初求められたものが用いられるために，ワークセンターで過負荷の状態が生じ，納期遅れの生じ易い状況が作り出される．このような不確実性が高い状況下でも，発生する納期遅れの件数はごく少数に留まるという結果とともに，この納期見積り/生産スケジューリング法の頑健性を示す結果が求められている．

c. 顧客要求納期とメーカー理想納期

再び，個別生産を前提とした受注生産状況下での納期見積りを対象とする．顧客が製品の納期についてそれぞれ要望を持ち，製造業者がそれらについて無条件に受け入れる場合の納期を顧客要求納期，それに対して，製造業者が2章で提案した納期見積り法によって求める顧客オーダーの納期をメーカー理想納期と名付ける．4章ではメーカー理想納期が顧客と製造業者によって情報として共有される場合を取り上げ，共有の効果を算定する問題を取り上げる．SCMの理論の世界ではこれを情報の価値と呼んでおり，その価値の大きさは利益や収入などの金銭的な尺度を用いて表される．

情報の価値の算定に当たって，顧客要求納期をどのようにして一般化するかをまず決める必要がある．そこで，それぞれの顧客オーダーのメーカー理想納期を算定し，時間軸上にメーカー理想納期を含む範囲を設定して，その範囲内からランダムに抽出した値をもって顧客要求納期と考える．したがって，顧客要求納期はメーカー理想納期に近いものもあれば，かなり外れているものもあり，現実の社会で観測可能な顧客要求納期とメーカー理想納期の間に見られる関係を示すモデルが構成できる．範囲を示す数値をパラメーターとして取り替えると，それぞれの受注生産企業が実際に体験している顧客要求納期の到着に似た状況を再現したシミュレーションの実行が可能になる．

次に考えなくてはならないのは，何を尺度として情報の価値を表すかという問題である．見積り納期は中短期的生産スケジュールのものであり，すべての顧客オーダーの納期としてメーカー理想納期を用いる限り，納期遅れは発生しない．一方，納期としていま述べた顧客要求納期を用いて，それらの顧客オーダーの中短期的生産スケジュールをシミュレーションによって作成する場合には，さきほ

ど述べた通り，仮にいかなる手の込んだ方法を用いても顧客オーダーの何パーセントかについては納期遅れが生じる．しかし，それらを金銭的な尺度で表す方法は持ち合わせていない．

そこで，本章では中短期的生産スケジュールを日々のショップスケジュールにある手順を用いて変換する．ショップスケジューリングに関しては残業ルールが設けられており，納期が近づいている顧客オーダーの作業は残業の対象になる．残業を行っても納期遅れが生じる場合は納期遅れの時間を集計して記録する．納期遅れは夜間操業・休日出勤などによって遅れが回復できるものと仮定して集計された時間に時間当たりの人件費を掛け合わせて費用として表し，残業時間も費用に変換して両者を加える．納期がメーカー理想納期の場合も，顧客要求納期の場合も一定の期間にわたって行われたショップレベルのシミュレーションに関していま定義した費用の総和を求める．実際に計算をすると，メーカー理想納期の場合もある程度の費用が発生するが，顧客要求納期の場合はさきほど述べた範囲の大きさにかかわらずメーカー理想納期の場合よりも大きな費用が生じる．メーカー理想納期と顧客要求納期のもとでそれぞれ求められる費用の差を求め，それをサプライチェーン追加費用と呼ぶ．なぜならば，それはサプライチェーンの運用のまずさによって生じた費用と見なせるからである．

サプライチェーン追加費用は，顧客と製造業者がメーカー理想納期を共有することによって削減できる費用を示しており，それはまさにメーカー理想納期という"情報"の価値を意味している．4章では，さらにメーカー理想納期をどのようにすれば実際に顧客と共有できるかについて論述する．

d．納期短縮のための製品間での中間製品共用化

4章では，納期見積りの実施によって秩序ある生産が可能になり，納期遅れがほとんどなくなるとともにリードタイムの短縮をできることが示された．5章でも個別生産企業において見られる受注生産状況を対象としながら，製品間での中間製品の共有化が行われるという現代の製造業の動向を取り込んだ問題について取り上げる．また，需要の発生状況が現実により近いもの，つまり，ある時期には注文が集中する一方，他の時期には注文がまばらに到着するという状況の発生を仮定している．

標準化された中間製品がすでに用いられている場合は別にして，納期短縮という戦略的な課題に取り組むには設計部門，生産技術部門，製造部門，営業部門の

連携が欠かせない．どの中間製品の標準化が望ましく，それらの在庫をいかにして維持するか，その結果としてどの程度のリードタイムの短縮ができ，さらにどれだけの受注量の増大が見込めるかという情報があると，設計部門での中間製品標準化への取組みの意欲はかなり違ったものになろう．

5章では，個別生産企業でいくつかの製品についての反復的需要があり，一部の中間製品の標準化が行われた場合を想定した生産管理の方式について述べる．基本的には受注生産方式を用いながら標準化された中間製品については見込生産をするため，この方式をハイブリッド生産方式と呼んでいる．中間製品の在庫管理とそれに伴う生産発注は（Min, Max）方式によって行われる．Max は発注パラメーターと呼ばれており，在庫量が Max 値を下回ると自動的に下回った量だけ発注が行われる．Min は段取りに長時間を要する場合に Max 値と Min 値の差を発注量として用いるためのものであるが，5章では段取り時間は作業時間に組み込まれている状況を前提としているので，Min については考えない場合，つまり，$Min=Max$ と設定した場合を取り上げている．

5章ではもう一つのパラメーターが設けられ，シミュレーションに当たって Max 値とともに用いられる．中間製品の標準化の程度を表すものでモジュール化率と呼んでいる．シミュレーションの内容は部分的に見込生産が行われる以外にはほとんど変わらない．つまり，顧客オーダーが到着すると見積り納期が求められるとともに中短期的な生産スケジュールが作成され，リードタイムの平均短縮率に及ぼす発注パラメーターとモジュール化率の影響が求められる．また，中間製品在庫は前述した生産方式のもとで実際にはそれほど多く生じないことを示す結果が報告されている．さらに，設備の稼働率ならびに生産速度，つまり，1期当たりの顧客オーダーの処理件数が求められ，これらの二つのパラメーターが増加すると僅かではあるが，より大きな値をとることが示される．これは，さきほど述べた需要のピークと谷が交互に現れる需要の不規則性と，5章で提案されているハイブリッド生産方式がもたらした結果である．中間製品の標準化がリードタイムの短縮と稼働率の上昇をもたらし，その結果として，長期的には顧客オーダーの受注件数が増大するという，受注生産企業にとって最も望ましい成果が上がるという結果が示されている．

e．リードタイムと在庫投資額を考慮したモジュール在庫投資の最適化

標準化した中間製品を保有するとリードタイムの短縮ができ，受注獲得競争に

おいて有利になることは明らかである．しかし，今日のように製品寿命の短い時代においては，中間製品の陳腐化による損失を恐れて中間製品在庫の保有を避ける傾向が産業界には見られがちである．6章では，標準化した中間製品の在庫をモジュール在庫と呼び，与えられた状況下において適正なモジュール在庫量を求める方法について述べる．その後で，より長期的な観点に立ってモジュール在庫の陳腐化を排除する方法について論じる．

　最初に包括的製品構成図について述べる．サイズ・性能などの仕様条件に基づいて決定した製品群と，それらの生産に用いられる中間製品と部品の構成関係を示したものであり，同一の製造職場で同時期に生産されるすべての製品について包括的製品構成図を作成する．これらのデータは一般に膨大なものになるが，概念としてはそれらのすべてが求められ，利用可能であることを前提としている．

　これらの製品は顧客の注文に応じて製造されるが，同一の製品に対する注文が異なった顧客から反復的に生じるという受注生産が取り上げられている．したがって，個別生産というよりはロット生産に近い受注生産状況が対象となっており，標準化された中間製品，つまり，モジュールの製造に関しては5章と同様に見込生産が行われる．

　6章の見出しで用いているモジュール在庫の最適化について述べる必要がある．標準化された中間製品の在庫量が多くなるとリードタイムは短縮されるが，在庫投資額は増大する．その一方，在庫投資額を抑制すると，リードタイムは増加する．できることであれば，リードタイムも短く，在庫投資額も少なくなる在庫量を求めたい．このような解はパレート最適解と呼ばれており，その近似解を求めることができるとすれば，それらは，たとえば，リードタイムをx軸，在庫投資額をy軸とする平面上の双曲線に沿って現れ，この双曲線はパレート曲線と呼ばれる．

　本章では，シミュレーションと遺伝的アルゴリズムを併用してパレート最適解を求める．この場合のシミュレーションとは，2章で述べた納期見積り法を用いて納期を設定した顧客オーダーを対象とした中短期的な生産スケジュールの作成を意味している．遺伝的アルゴリズムはモジュール在庫量をそれぞれの適正値に導く働きをする．つまり，パレート最適化の過程で求められたモジュール在庫を表す非劣解のそれぞれを条件としたシミュレーションを実行して解の評価尺度である平均リードタイムが求められる．また解自体から総在庫投資額が求められ，

1.4 本書で取り上げる問題とそれらの取扱い方　　　15

それぞれの非劣解の座標を知ることができる[*5]．このような処理を繰り返すことによって非劣解は改善され，やがてパレート曲線が描かれる．

　パレート最適解は各製品の需要を想定して求められる．各製品の重要を6章では需要パターンと呼んでいるが，時間の経過につれてその需要パターンは変化する．具体的にいえば，製品の需要量は変化し，さらにいままで作られていた製品がなくなり新しい製品が開発され，製品の入替えが行われる．その需要パターンの変化はまたモジュール在庫量の変化として現れる．あるモジュールの在庫量は絶えず高い水準を保つであろうし，別のモジュールの在庫量については減少傾向が見られよう．このような減少傾向は将来における陳腐化の警告として理解されるべきであり，適当な時期を見てその中間製品の見込生産の中止を決めることが望まれる．モジュール在庫量についてのパレート最適解，実際にはそれは製造現場におけるモジュール在庫の発注パラメーターになるが，これは設計部門，生産技術部門，製造部門で共有されなくてはならない情報と考えられる．

f．仕様未確定オーダーの納期見積りとスケジューリング

　個別生産あるいは小ロット生産を行っている受注生産企業では，製品の仕様が未確定の時期に発注が行われることがある．これは，原材料の調達に長い時間を要したり，一部の部品の製造に長い時間が掛かったりする場合に，短納期を実現する方策として用いられる．しかし，製造現場にとっては，仕様の確定が当初予定していた時期から大幅に遅れるようなことがあると，製造費の予想外の増加や他の顧客オーダーのスケジュールに望ましくない影響が生じるために，仕様確定の遅延を事前に防ぎ，全体の生産スケジュールと製造現場の秩序を維持するための方策を準備しておく必要がある．いままで繰り返し用いてきた納期見積り法とそれに伴う中短期生産スケジューリングの方法に手を加えると，この目的に合った使い方ができることを7章で述べる．

　まず，仕様未確定オーダーとは何かについて考える必要がある．特殊な場合は別として，通常BOMと呼ばれている製品構成の一部が検討中であるというのが普通であろう．そのために，BOMをいくつものコンポーネントから構成されていると考える．その場合，コンポーネント間には二つの関係，つまり親コンポーネントと子供コンポーネントの間の親子関係，同じ親を持つ子供コンポーネント

[*5] 評価尺度が複数ある場合には，他の解に劣るとはいえない解が生じる．それらは非劣解と呼ばれ，最適化が進むにつれてそれらはより優れた非劣解に取り替えられていく．

間の兄弟関係が見出される．親子関係に関しては，次のことを前提とする必要がある．もし，ある子供コンポーネントの仕様が未確定である場合，その親コンポーネントも仕様未確定と見なさなければならないならば，BOM全体の定義ができなくなるので，そのような関係はないものとする．兄弟関係に関しては，次のことを前提とする．あるコンポーネントの仕様が未確定である場合，すべての兄弟コンポーネントも仕様未確定と見なさなければならないならば，親コンポーネントが定義できなくなるため，そのような関係もやはりないものとする．

これらの前提のもとで，仕様未確定オーダーを未確定コンポーネントがコンポーネントの一部として含まれる顧客オーダーであると定義する．仕様未確定オーダーを受注した場合，未確定コンポーネントが複数あれば，受注後に時間の経過につれて次々とそれらは確定コンポーネントに変わっていくものとする．もちろん，それらが同時に確定しても何の支障も生じない．しかし，それらがいつ確定コンポーネントに変わるかは前もって不明であることを前提とする．

仕様未確定オーダーの納期見積りをするために，未確定コンポーネントに変わるダミー・コンポーネントを定義し，不完全なBOMを見かけ上完全なBOMとして取り扱い，仕様未確定オーダーを他の仕様確定オーダーと同様に取り扱って納期見積りを行い，その生産スケジュールは中短期の生産スケジュールに織り込まれる．また，その更新は新規オーダーの到着と未確定コンポーネントの確定通知をトリガーとして行われる．

仕様未確定オーダーの生産スケジュールが作られると，未確定コンポーネントの確定が望まれる時期が見積れるため，それらを顧客・設計部門・生産技術部門・製造部門によって共有する．もちろん，その時期は中短期生産スケジュールの更新につれて変化するが，その都度，更新した未確定コンポーネントの確定が望まれる時期を共有することになる．また，未確定コンポーネントが確定するたびに，仕様未確定オーダーの見積り納期も更新される．

未確定コンポーネントの確定が望まれる時期はとりわけ重要な情報であり，顧客と関係部門がその時期に合わせるようにその確定に努めるならば，その他の条件が許す限り，仕様未確定オーダーの取扱いは何の支障もなく順調に行われ，顧客が要望する短納期が見積られ，それに応じた生産が可能になる．

1.4.2 ● 本書におけるこれらの問題の取扱い
a. モデル構成と計量化

いま述べた様々な問題は言葉による説明だけではその理解は難しいものになるに違いない．その理由の一つは多数の要因が関連し合っており，問題全体の把握がし辛いということによる．もう一つは問題を理解するうえで欠かせない問題固有の概念が時間とともに変化する動的な性質を持っていることが大いに関係している．そのためには，言葉による説明の限界を補う働きのあるモデルの利用とそれによって可能になる計量的表現が欠かせない．モデルといえば線形計画法のような数学的方法を用いたモデル構成を想像する読者が多いと思うが，これから取り上げる問題を取り扱う手段として数学的方法は不向きであるので，実験的手段であるシミュレーションを用いる．シミュレーションは現実の姿をなるべくそのままコンピュータ内に再現するものであって，理解をするに当たって数学的知識はほとんど必要としないため，読者に最後まで読んでいただけると思っている．

b. 単純化

シミュレーションは使用するうえで制約の少ない分析方法であるので，現実を忠実に表現しようとするとモデルが複雑になるきらいがある．そうすると，シミュレーションは分かり易いものであるにもかかわらず，理解するのが難しくなり，本来持っている分かり易いという優れた性質が損なわれてしまう．そのために，そのモデルに持たせる現実性を損なわない範囲内でできる限り単純明快なものを使用するようにしている．問題の規模を必要以上に大きくしないということも読者が感じる繁雑さを減らすうえで重要であると考えており，それも単純化に含めて努めるつもりでいる．

c. 明らかにすること

まず問題をどのように取り扱うかを明らかにする必要があり，そのためにはシミュレーションをいかにして行うかについて説明しなければならない．その説明からやや繁雑な印象を受けるかもしれないが，決して難解ではないので慣れ親しんでほしいと思う．もう一つの課題は問題が持っている性質を明らかにすることにある．その性質はシミュレーションの結果を示すことによって行われる．モデル化と定量化が欠かせないのはそのためである．結果は数値やグラフによって示されるが，大事なのは数値そのものではなく一連の数値が示す傾向，たとえば，a が大きくなれば b は小さくなるという関係であることに留意してほしい．数値

はモデルに与える条件によって変化するが，数値が示す傾向は多くの場合にその条件の変化に対して頑健性があるとともに所与の条件の範囲において普遍性がある．この意味では行おうとしていることは定量的な分析であるというより，むしろ定性的な分析であるといえる．

d．結果の再現性

数学的手段による取扱いの長所は，用いられた方法が明示されるために結果の再現性があるということであろう．用いたデータが同じであれば，まったく変わらない結果が得られる．シミュレーションによる場合は，方法の明示が数学的手段に比べて難しくなるために再現性が幾分損なわれる．そのために，本書では，使用したデータやパラメーターを明記してできる限りシミュレーションが持っている再現性に関する欠点を補うようにしている．結果の再現を望む読者は，各章において示すモデルの条件になるべく近いものを使用してシミュレーションを実行してほしい．本書の各章で示された様々な傾向は再現され，本書で明らかにされた性質の存在を確認できると考えている．

e．説明方法の類型化

各章ではそれぞれの問題の背景となるものを述べながら，取り上げる問題がどのようなものであるかを明確に示すようにしている．説明に当たって，その問題に特有の構造や性質を述べるために，新しい用語を定義して用いることがある．次に，その問題を解決するための方法について述べる．後はシミュレーションの実施に関するもので，前述した通り問題の規模やパラメーターが示される．パラメーターは多くの場合に実験の条件を示しており，それらを取り替えてシミュレーションを実行することによって問題が持っている特有の性質を知ることができる．シミュレーション結果は表やグラフによって示される．最後にその結果から何が明らかになったかについて説明するとともに，現実的な意味を明らかにし，できる場合には実際の利用についての可能性や方法を述べる．なお，7章についてはシミュレーションの実施に関する記載は行っていない．

f．数式・記号の使用

数式が内容の理解に役立つと思われる場合に本文中で用いている．その際には，記号の意味は式が用いられる都度示すようにしている．また数式で用いられていない記号を，ある内容を明示する場合や図が示す意味を説明する場合に使用することがある．図で用いる場合には，図の見出しの下部に記号の意味をまとめ

記すようにしている．本書で用いているすべての記号とその意味の対応を示した一覧表を巻末に掲載しておく．似た記号が使用されているので，混乱を避けるために時々目を通してほしい．記号はほぼその使用順に記載されており，用いられた章を記号の説明の後に記しておく．

I 基 礎 編

第2章 納期バッファを用いた納期見積り法

2.1 ○ 納期見積りのための従来の方法

　APSがわが国に紹介されて以来，顧客の引合いに応じて製造業者が納期を見積って顧客に提示し，受注が確定するとそれを遵守するという受注生産のあり方が知られるようになった[*1]．もちろん，それ以前から納期は製造業者と顧客の間で情報として共有されていたが，顧客の要求するものを製造業者がそのまま納期として受け入れたり，類似した製品の過去の実績に基づいて新たに受注する製品の納期を見積ったりするなど，合理的とは言い難い納期の決め方が行われていた．言葉を換えれば，残業・休日出勤・夜間操業など生産能力の柔軟性を利用して，顧客から与えられる納期に間に合わせることがあたかも受注生産企業の当たり前の対応であるかのように考えられ，製造費の増加や過剰な作業者負担というそのために生じる対価の支払いは当然のこととしてきた．

　一方，APSでは当時急速に進歩したコンピュータの処理能力を活用する生産スケジュールの作成を通して将来における製造現場の負荷状況を予測し，実現可能な納期を見積るという考え方が示された．その場合に，生産スケジュールの作成法としてはシミュレーションが用いられる．シミュレーションは融通性の高い方法であるため，製品構成や製造工程がいかなるものであってもモデル化と計算が容易にできるからである．APSの意義を理解するためには，それまでに製造工程を対象とした納期に関する研究がどのように行われていたかを知る必要がある．

　1967年にコンウェイ，マックスウェル，ミラーによるスケジューリングに関する著作が出版され，日本でもその翻訳書が1971年に刊行された[20]．その最終

---

　*1　APSについては1章を参照されたい．

2.1 納期見積りのための従来の方法

章は，動的なスケジューリグを詳しく紹介した最初の文献であった．次々と顧客オーダーが製造現場に到着するという状況を想定し，シミュレーションによって生産スケジュールを作成して，その際に用いる納期の決め方が，作成されたスケジュールの良し悪しに及ぼす影響について分析を行った結果が記されている[*2]．通常，シミュレーションでスケジュールを作成する場合には優先規則が用いられる．これは，それぞれの設備において着手可能ないくつかのオーダーのどれを先に加工するかを決めるために用いるもので，たとえば，FCFS は先着順規則を，SPT は最小作業時間規則を，SLACK はスラック時間規則を示しており，先着順規則は最初に着手可能となったオーダーを，最小作業時間規則はその工程での作業時間が一番短いオーダーを，スラック時間規則は納期までに残っている余裕時間が最も少ないオーダーを優先する．

納期の決定規則としては，TWK, NOP, CON, RDM の 4 通りが扱われており，TWK 規則はそのオーダーの作業量に基づいて納期を決め，NOP 規則はオーダーの生産に必要な作業数に基づいて，CON 規則はオーダーの到着時刻に一定の時間を加えて納期を決め，RDM 規則は一定の時間ではなくランダムに選ばれた時間を加えて納期を決定するものである．これらの内，TWK 規則と NOP 規則は当時合理的と考えられていた納期の決め方を示すものであり，それらに対して CON 規則は実際に製造現場で用いられていた方法を，RDM 規則は顧客が一方的に納期を定める納期決定法を表している．これらの 4 通りの納期決定規則には次節で述べるような顧客オーダーのそれぞれについて納期を見積るという意味合いはなく，以下に述べるいくつかの評価尺度に及ぼす優先規則間の違いを調べるに当たって，様々な性質の納期を取り上げているに過ぎなかった．

スケジュールの良し悪しを判断する評価尺度として様々なものが用いられており，ここではその中で本書で取り上げる評価尺度あるいはそれに関連する尺度のみを記しておく．納期に関する評価尺度として平均納期遅れ，納期遅れ件数，納期遅れ発生率があり，生産の効率を示す評価尺度としてオーダーが製造現場に到着してから完成するまでの期間であるフロータイムがある[*3]．

以後，コンウェイ，マックスウェル，ミラーが示した枠組みの中で，他の研究

[*2] この領域の文献においては，本書で顧客オーダーあるいはオーダーと称するものは，ジョブ (job) と呼ばれている．

[*3] 本書ではフロータイム (flow time) は用いず，以後リードタイムを使用する．

者によって多くの研究が行われることになる．それらの内，とくに本書の内容にかかわりのある二つの研究を紹介しておく．1976年にエイロンとショウドゥリーは，二つの納期決定規則を提案した[2]．一つはDIQ規則と呼ばれ，これはTWK規則にそのオーダーの加工が予定されている経路における仕掛り中のオーダーの平均待ち時間を加味したものであり，もう一つはJIQ規則と呼ばれ，TWK規則に仕掛り中オーダーの件数を加味したものである．これらはそれぞれのオーダーに要する作業量とともに製造現場の混雑状況を反映して納期を決定するものであり，とりわけJIQ規則は作成するスケジュールに関する評価尺度の値を大幅に改良することを示した．1991年にはヴィグとドゥーレイが，動的納期決定規則と呼ぶ現時点から少し遡った期間中に完成したオーダーの実際のリードタイムを利用する方法を提案し，シミュレーション結果からTWK規則とNOP規則に比べてこの動的納期決定規則は見積りリードタイムの正確性と精度を改良することを明らかにした[1]．このようにして，納期決定に当たって製造職場の現状を反映したデータを利用することの必要性が示された．

2.2 ◯ 納期バッファを用いた納期見積りアルゴリズム

2.2.1 ● シミュレーションから納期見積りアルゴリズムに向かって

長年にわたって，コンウェイ，マックスウェル，ミラーが示した枠組みの中で納期決定規則が研究され，納期決定規則は当初の規則であるTWK規則やNOP規則から製造現場の最新の状況を反映するものへと発展していったが，スケジュールの作成法についていえば，優先規則を用いたシミュレーションに留まっていた．おそらく，当時はコンピュータの容量や計算速度に制限があり，その制限に対する配慮が結果的にはスケジューリング法の発展を妨げたのであろう．

それに対して，1990年代後半に見られたコンピュータの性能の著しい向上や価格の低下を背景にしてAPSが出現した．そのパッケージに関しては，計算の量に対する考え方やコンピュータの用い方が従来と根本的に異なり，大量の計算も必要であればリアルタイムに実行することを前提としたものへ変わった．スケジューリングに関していえば，大規模のシミュレーションがごく普通に用いられるとともにアルゴリズムがそれに付加され，従来のシミュレーションでは必ず生じる納期遅れが計画レベルでは回避できるようになった．しかしながら，パッケ

ージに用いられているアルゴリズムが公表されることはなく，学界においては納期を考慮したスケジューリング研究は目標を失い，一時進歩が停滞した観があった．この状況下において，筆者の研究室ではAPSの基本概念を念頭に置いて当時のAPSパッケージで用いられている納期見積り法に匹敵する機能と能力を持つアルゴリズムの開発に着手し，開発したアルゴリズムを様々な状況のもとで利用したところ，実用に供するものであることが明らかになった[8-14]．

2.2.2 ● 納期バッファの利用

このアルゴリズムは，中短期的な生産スケジュールを作成してその結果に基づき納期を見積るものであり，従来のスケジューリングで用いられなかった納期バッファという新しい概念を利用する[8]．この納期バッファはシミュレーションから求められた新規到着オーダー i の見積り完了時刻 ET_i を基準にして，実際の完了時刻がそれより遅れてよいとする最大許容時間を示している．これだけ述べると，従来から用いられている余裕時間と変わらないように見えるが，後ほど説明する通り納期バッファはこのアルゴリズムのパラメーターとしての役割を果たすところが根本的に異なる．

顧客オーダー i の完了時刻の見積りを実施した時刻 E_i の後に到着する新規到着オーダーの影響を受けないようにするには，時刻 E_i で作成した生産スケジュールを固定する必要がある．しかし，完全に生産スケジュールを固定すると全体のスケジュールは融通性を欠き，設備の遊休を減らすという意味での効率が低下するため，ある範囲内の変化を認める融通性をスケジュールに授ける役割が納期バッファに与えられる．

納期見積り時に新規到着オーダーに与えた納期バッファを $DB_i(E_i)$，見積り完了時刻を $ET_i(E_i)$，見積り納期を D_i によって表すと，以下の関係がある．

$$ET_i(E_i) + DB_i(E_i) = D_i \qquad (2.1)$$

E_i 以後の任意の時刻 t におけるオーダー i の見積り完了時刻を $ET_i(t)$，納期バッファを $DB_i(t)$ で表すと，納期遅れが生じないためには，

$$ET_i(t) + DB_i(t) = D_i \quad DB_i(t) \geq 0, \text{ ただし，} E_i \leq t \leq D_i \qquad (2.2)$$

という関係が成立しなければならない．つまり，

$$DB_i(t) = D_i - ET_i(t) \geq 0, \text{ ただし，} E_i \leq t \leq D_i, \ i \in I \qquad (2.3)$$

が成立するような手続きを織り込む必要がある．次に示すアルゴリズムでは，仕

掛り中のすべてのオーダー i の納期バッファ $DB_i(t)$ をパラメーターとして使用し，状況に応じて異なったシミュレーションを実施する．ここで，I はスケジューリングの対象になっている顧客オーダーの集合を表している．

いま述べたように，納期バッファは時間の経過とともに減少する．それゆえ，$DB_i(E_i)$ を納期バッファの初期値と呼ぶ．顧客オーダー i の納期見積り実施時刻においては，見積られた納期は記号を簡略化して次式のように表してもよい．

$$D_i = ET_i + DB_i, \quad i \in I \tag{2.4}$$

ここで，もう一度使用した記号の意味を述べると，D_i は顧客オーダー i の納期，ET_i は見積り完了時刻，DB_i は納期バッファの初期値，I はスケジューリングの対象になっている顧客オーダーの集合を示している．

また，新規到着オーダーに対してすでに到着しているオーダーを既存オーダーと呼ぶ．既存オーダーの最後の作業が終了すると，つまり

$$t \geq ET_i(t^*) \tag{2.5}$$

が成立すると，既存オーダー i はスケジューリングの対象から除外される．ここで，$ET_i(t^*)$ は最後にスケジュールの更新が行われた時刻 t^* における既存オーダー i の完了見積り時刻である．スケジュールの更新は各時刻に行われるとは限らないので，最終作業の終了後時刻 t においても作業の完了したオーダーがスケジュール中に留まっていることは生じ得る．

2.2.3 ● 納期見積りのためのスケジューリング・アルゴリズム

納期見積りを行うに当たって，以下のようなシミュレーションを実施する．

(1) 納期見積りの基本となるシミュレーションとして，まずバックワード・シミュレーションを実施して，その結果に基づいて各機械（あるいは各ワークステーション）で実行する作業の順序を決める優先度を求める．これをBS規則と呼ぶ．新規到着オーダーについては納期が定まっていないので仮の納期を使用する．次に，BS規則を用いてフォワード・シミュレーションを実施することにより，実行可能なスケジュールが作成できる[32]．この処理で通常は十分であると思われるが，より良いスケジュールの生成を期待してBS規則とSPT規則からなる複合規則を用いたフォワード・シミュレーションを実施する[4]．

(2) 副次的に実施するフォワード・シミュレーションでは，階層的優先規則が

用いられる．第一階層では既存オーダー（仕掛り中のオーダー）を新規到着オーダーに優先し，同一クラスの内では，つまり，既存オーダーどうし，あるいは新規到着オーダーどうしでは，(1)で述べた複合規則の順位の高いオーダーを優先する．

(3) 副次的に実施するもう一つのフォワード・シミュレーションでは，第一階層で既存オーダーを新規到着オーダーに優先する際にその機械あるいはワークステーションでの新規到着オーダーの占有権を認めないという優先規則が用いられる．つまり，既存オーダーが機械あるいはワークステーションに到着したときに作業を受けていることになっている新規到着オーダーの作業計画はキャンセルされ，到着した既存オーダーの作業をその到着時刻から開始するという計画がそれに代わって立てられる[*4]．

このアルゴリズムは以下の三つのステップから構成されている．

STEP 1　新規到着オーダーに仮の納期を設定し，新規到着オーダーと既存オーダーの区別をせずにバックワード・シミュレーションを実施し，機械あるいはワークステーションごとの作業実施の優先順位そのものである BS 規則を求め，引き続いて BS 規則と SPT 規則との複合規則を用いたフォワード・シミュレーションを実施する．シミュレーション終了時にすべての既存オーダーの納期バッファについて式 (2.3) が成立していれば，式 (2.1) を用いて新規到着オーダーの納期を決定する．いずれかの既存オーダーについて式 (2.3) が成立しなければ，STEP 2 へ進む．

STEP 2　STEP 1 のバックワード・シミュレーションによって求めた BS 規則と SPT 規則の複合規則を用いて，既存オーダー優先のフォワード・シミュレーションを実施する．シミュレーション終了時にすべての既存オーダーの納期バッファについて式 (2.3) が成立していれば，式 (2.1) を用いて新規到着オーダーの納期を決定する．いずれかの既存オーダーについて式 (2.3) が成立しなければ，STEP 3 へ進む．

STEP 3　STEP 1 のバックワード・シミュレーションによって求めた BS 規則と SPT 規則の複合規則を用いて，新規到着オーダーの占有権を認めない既存オーダー優先のフォワード・シミュレーションを実施する．シ

[*4] 将来実施する作業に関するスケジューリングのことであり，現実の不利益は生じない．

ミュレーション終了時に，式(2.3)の成立のいかんにかかわらず式(2.1)を用いて新規到着オーダーの納期を決定し，納期見積りを終了する．

図2.1にアルゴリズムの概要を示す．図が示すように，このアルゴリズムは新規オーダーの到着をトリガーとして作動する．ここでの新規オーダーの到着は，納期見積りに必要なデータがすべて用意されている状態をいう．新規オーダーの件数は同時に何件あってもよい．

このアルゴリズムが示す通り，STEP 1あるいはSTEP 2を経てすべての新規到着オーダーの見積り納期が決定される限り，納期遅れが生じることはあり得ない．納期遅れが生じる可能性があるのはSTEP 3を経て見積り納期が決定される場合に限定されるが，STEP 3を経たとしても，既存オーダーの納期遅れを避けるようにスケジューリングを行うために，実際に既存オーダーの納期遅れが生じる可能性は極めて低いといえる．

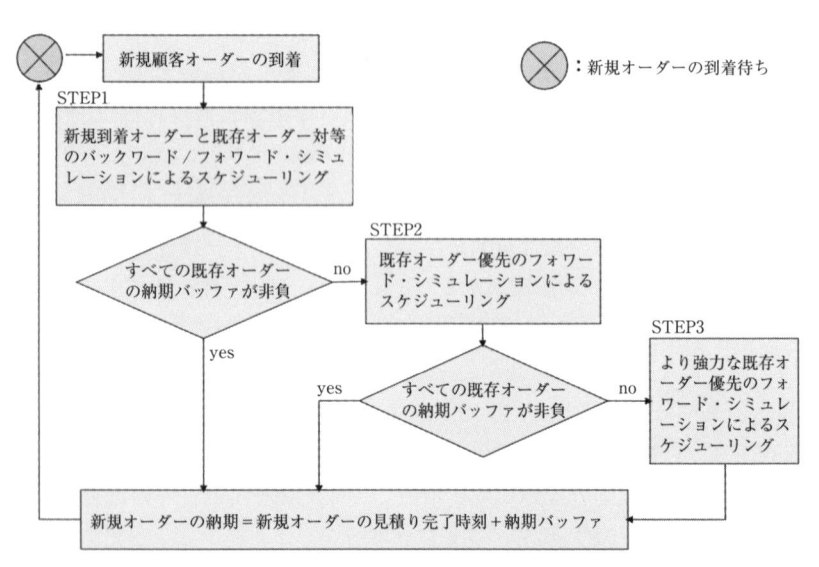

図2.1 納期バッファを用いた納期見積りアルゴリズムの概要

表 2.1　問題の規模とパラメーター

オーダー数	100
仕掛り中の初期オーダー数	7
機械台数	6
オーダー当たりの作業数	6
加工時間 *	[1, 5] 単位時間
オーダーの到着間隔のばらつき **	指数分布
稼働率（%）***	60, 70, 80, 90
ジョブショップ率（%）	0, 10, …, 100
納期バッファの初期値	0, 2, 4, 6, 10, 14 単位時間
乱数の種 ****	10 通り

* 範囲 [1, 5] の整数値が同確率で生じる離散分布から無作為に抽出して確定的な加工時間を設定する．
** 指数分布から無作為に抽出した後，それを整数値に変換して到着間隔を決定する．
*** 指数分布の平均値を 4 通り用いて稼働率を設定する．
**** 10 通りの乱数系列を利用し，それらの数値実験結果の平均を求めて乱数の影響を除去する．

2.3 ● 納期バッファの有効性を調べるための数値実験

2.3.1 ● 数値実験の計画

　納期バッファとそれを用いるアルゴリズムが持っている有効性を調べるために，一連の数値実験を行う．ここで扱っている状況は個別受注生産において見られるもので，顧客の注文に応じてそれぞれ異なった製品の加工が行われる．問題の規模とパラメーターを表 2.1 に示す．

　製造現場のパラメーターとして，稼働率とともにジョブショップ率を取り上げる*5．ジョブショップ率は加工経路の錯綜の程度を示す尺度であり，すべてのオーダーの加工経路が等しい場合にはジョブショップ率は 0%，すべてのオーダーの加工経路がランダムに決定される場合は 100% とする．その他の場合は両者の中間的な場合であり，たとえば，半数のオーダーの加工経路が等しく，残りの

---

*5　ジョブショップという用語は，生産スケジューリングの理論研究の領域で用いられているもので，加工経路がオーダーごとに異なる製造現場のモデルを示しており，それに対してフローショップは加工経路がすべてのオーダー間で共通している製造現場のモデルを表す用語として用いられる．ジョブショップ率は次式によって示される．ジョブショップ率＝{1－(加工経路が同一であるオーダー数/オーダーの総数)}×100%
本節では分かり易い用語である"加工経路"を用いている．次節以降ではその同義語であってより一般的な"加工手順"をそれに代えて用いることがある．

半数のオーダーの加工経路がランダムに決定される場合，ジョブショップ率は50％になる．ジョブショップ率0％はフローショップを意味し，ジョブショップ率100％はオーダーの加工経路がすべて異なるという仮想的なジョブショップを表しており，ジョブショップ率50％は典型的なジョブショップを代表していると見なされる．なお，この問題ではいずれのオーダーの製品も完成するためには種類の異なる作業を6回行う必要があり，すべての機械を用いて加工は行われるものとする．また，加工時間の平均値は等しく設定されているので，その結果，すべての機械に統計的には均等な負荷が掛かる．したがって，稼働率は機械共通の平均加工時間と製造現場へのオーダーの平均到着間隔によって定まる．

2.3.2 ● 数値実験の結果

表2.2に，ごく普通の状況と見なされる稼働率が80％の場合を取り上げ，平均加工開始待ち時間，平均生産リードタイム，両者の和である平均リードタイム

表2.2 納期バッファの効果（稼働率80％の場合）

ジョブショップ率		平均加工開始待ち時間			平均生産リードタイム			平均リードタイム		
		0％	50％	100％	0％	50％	100％	0％	50％	100％
納期バッファの初期値	0	13.42	24.02	35.81	50.85	66.02	70.96	64.27	90.04	106.77
	2	13.41	22.08	30.58	50.80	64.63	69.29	64.21	86.72	99.83
	4	13.37	19.64	29.52	50.71	63.79	63.85	64.08	83.43	93.37
	6	13.17	17.23	27.71	50.40	60.80	63.31	63.57	78.03	91.02
	10	12.73	15.09	21.12	48.74	57.66	59.94	61.47	72.75	81.06
	14	12.37	13.79	17.92	48.76	56.52	57.85	61.13	70.31	75.77

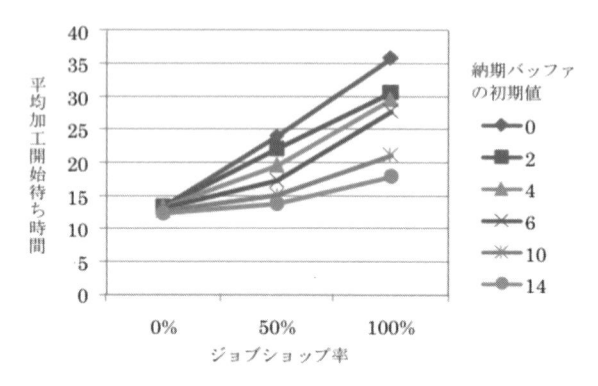

図2.2 平均加工開始待ち時間にジョブショップ率と納期バッファの初期値が及ぼす影響

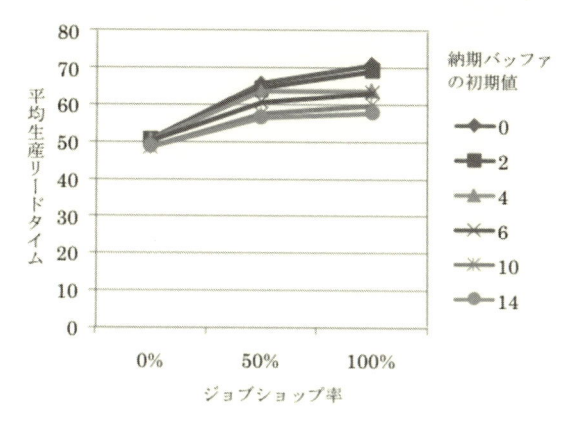

2.3 納期バッファの有効性を調べるための数値実験

図 2.3 平均生産リードタイムにジョブショップ率と納期バッファの初期値が及ぼす影響

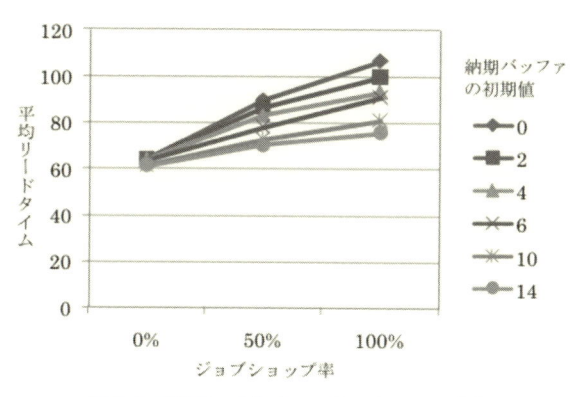

図 2.4 平均リードタイムにジョブショップ率と納期バッファの初期値が及ぼす影響

のそれぞれに関して，納期バッファの初期値とジョブショップ率が及ぼす影響を示す数値実験結果がまとめられている．図2.2～2.4は評価尺度別に納期バッファの初期値とジョブショップ率がどのように影響するかについて示している．

表2.2の納期バッファの初期値が0の欄をまず見てほしい．正味の加工時間は変わらないのに，平均加工開始待ち時間，平均生産リードタイム，平均リードタイムのいずれの時間もジョブショップ率0%の場合，つまりフローショップの場合に最も短く，ジョブショップ率が高くなるにつれて長くなることが分かる．こ

れらの数値は，フローショップは最も効率の良い生産現場であり，加工経路が錯綜するほど生産現場の効率が低下する傾向のあることを示している．

次に，バッファの初期値が増大するとそれらの値がどのように変化するかについて留意してほしい．平均加工開始待ち時間，平均生産リードタイム，平均リードタイムのいずれの時間も減少するが，ジョブショップ率 0% の場合，つまり，フローショップの場合は，減少量はごくわずかであるのに対し，ジョブショップ率が 50% の場合には減少が明確に認められ，100% の場合には著しく減少することが分かる．

この傾向は，納期バッファが持っている処理時間を短縮する効果を示している．表 2.1 から分かるように，各顧客オーダーの正味加工時間は平均 18 単位時間（3 単位時間×6 工程）であって，それよりも小さい納期バッファを与えているにもかかわらず，まったく納期バッファがない場合に比べて効率の良いスケジュールが作れる．つまり，見積られた納期を守るという前提のもとで，初期納期バッファを増加することによりスケジューリングの融通性が高まり，その効果として効率の良いスケジュールが作成できるという結果が示されている．

それでは，ジョブショップ率 0%，つまり，フローショップの場合には，なぜ納期バッファの効果は現れないのだろうか．それは，フローショップそれ自体が効率の良い生産形態であり，納期バッファを用いても効率が改善される余地はほとんどないという理由によって説明ができよう．逆に，加工経路の異なるオーダーが錯綜しているジョブショップでは加工待ちが頻繁に生じ，それらはスケジューリングの立て方次第でかなり取り除けるということになる．しかし，表 2.2 の納期バッファの初期値が 14 の欄を見ると想像できるように，納期バッファの増加によって生じる効率の改善には限界があり，フローショップの効率に及ばないことが同時に分かる．これらの事実を確認した上で図 2.2〜2.4 を眺めると，納期バッファが持っている効果の意味がよく分かる．

図 2.5 には，オーダーの進捗状況の推移が示されている．縦軸はオーダーが製造現場に到着してから完成するまでの間に生じる事象をそれらの発生順に等間隔に並べたものであり，横軸は正規化された時間軸であって，オーダーの生産現場への到着時刻を 0，オーダーの完了時刻を 100 としてそれぞれの事象の発生時刻がその範囲内に入るように示されている．100 件の到着オーダーの内，オーダー 1，33，85，95 をサンプルとしてそれらの進捗の過程が図に示されている．一般

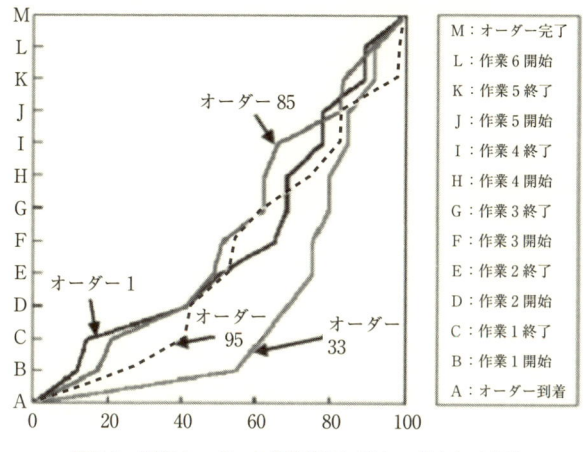

図2.5 顧客オーダーの進捗状況に関して見られる傾向

的な傾向として，進捗過程の前半はゆっくり作業が進捗し，後半は素早く作業が進捗している．つまり，前半は待ち時間が多く生じ，後半は待ち時間の発生が少なくなるという傾向のあることが読み取れる．

この傾向は納期バッファの働きと使用したアルゴリズムによって生じたものである．到着直後は既存オーダーの処理が優先され，その後しばらくはバッファの残存量は多く，納期までの余裕があるために処理の優先順位がまだ高くはなく，作業の進捗につれてバッファの残存量が減ると優先順位が上がり，このような曲線が描かれたのであろう．それぞれのオーダーの正味の総作業時間が異なるために，その時間も進捗の速度に影響し，この傾向が当てはまらない動きをするオーダーも当然あることと思われる．

図に示した4件のサンプルの内，オーダー33の動きに注目してほしい．このオーダーは最初の作業の開始が大幅に遅れ，標準的な動きをしている他の3件のオーダーに比べて進捗の遅延が著しい．しかし，作業2の終了後はまるで特急処理が行われているかのように，残りの作業が立て続けに行われて遅れが回復している．納期バッファとアルゴリズムが上手く働いた結果作り出された進捗例を示しているといえよう．

2.4 ◯ 納期バッファが持っている性質の一般性を検証するための数値実験

2.4.1 ● 数値実験の計画

　この納期見積りアルゴリズムを用いると，パラメーターである納期バッファの初期値を増加することによってスケジューリングの融通性が高まり，納期見積り実施時刻から納期までの時間であるリードタイムを短縮できることが示された．ところで，納期バッファとアルゴリズムが示したこの効果を一般に期待することはできるのだろうか．本節では，使用するモデルの条件が変わっても，納期バッファとそれを用いるアルゴリズムがその効力を同様に発揮するかどうかについて検証しよう[9]．

　前節のモデルでは，一つの資材に複数の加工を施して最終製品である加工部品を生産するというごく単純な製品構成を取り上げた[*6]．このような直列的な加工手順は，従来のスケジューリング研究ではごく一般的なものであるが，本章では条件をやや複雑にして，異なった二つの部品を製造したうえで，それらを組み付けて一つの製品を生産するという製品構成を取り上げる．あるいは，組付け作業に代えて，同一製品に用いる二つの部品の摺合せを行う仕上げ作業と考えてもよい．意味はいずれであっても，形式の上では，加工工程と組立工程からなる図2.6に示す製品構成を取り上げる．このモデルにおいても，ジョブショップ率はパラメーターとして取り上げられる．図2.6中のオーダー1は同じ加工手順で生産された二つの部品を組み付けて製品を作り，オーダー5でも二つの部品のうちの一つはオーダー1のものと同じ加工手順で加工される．前述のモデルもそうであったが，加工手順が同じであっても加工する部品が同じであることを意味しない．それぞれの作業の加工時間の長さは，加工手順と無関係に設定されるからである．オーダー2の二つの部品はともにオーダー1のものとは異なる手順で加工

[*6] 部品を製造する加工手順を示したものを製品構成と呼ぶことは通常行わないが，後述する製品構成の一部分を指し示しているためにこの用語をここで使っている．本書において，製品構成（product structure）という用語はBOM（bill of materials）あるいはM-BOM（manufacturing-bill of materials）を指している．この場合は，<原材料>-①-②-③-④-⑤-⑥-<製品>，<原材料>-②-③-①-④-⑥-⑤-<製品>などによって表されるM-BOMの<原材料>と<製品>が省略されたものを指している．

2.4 納期バッファが持っている性質の一般性を検証するための数値実験   35

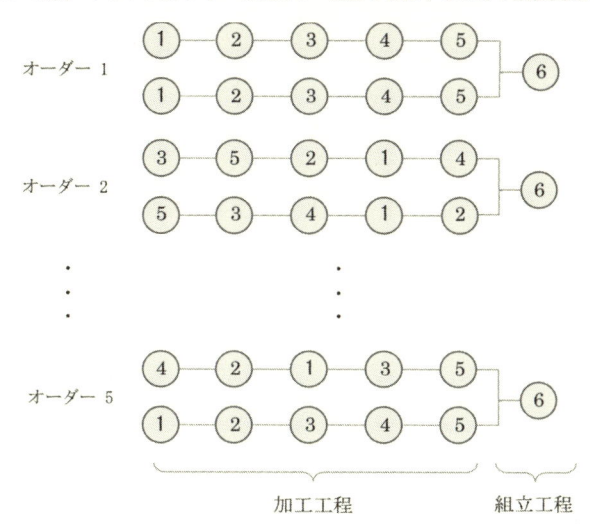

```
オーダー 1    ①─②─③─④─⑤
                              ⑥
              ①─②─③─④─⑤

オーダー 2    ③─⑤─②─①─④
                              ⑥
              ⑤─③─④─①─②

       ⋮

オーダー 5    ④─②─①─③─⑤
                              ⑥
              ①─②─③─④─⑤

              └─── 加工工程 ───┘ └組立工程┘
```

図 2.6 本モデルで取り扱う製品構成
○の中の数字は機械とワークステーションの番号を示している.

が行われる．仮に，オーダー 3 とオーダー 4 も同様にオーダー 1 と異なる手順で加工が行われる二つの異なった加工部品を用いて作られるものであるとすると，この五つの製品に限ってジョブショップ率を求めると，

$$\frac{10-3}{10} \times 100 = 70\%$$

になる．本数値実験でパラメーターの一つとして用いられるジョブショップ率は前数値実験と同様に部品の加工工程の錯綜の度合を表している．

前モデルと本モデルとの間にあるもう一つの相違は，隘路工程をモデルに織り込んでいるという点である．前回のモデルでは稼働率をパラメーターとして取り扱っているために，計算の便宜上工程間で負荷が釣り合っている状況を設定した．これは明らかに，現実に近い設定であるとはいえないので，隘路工程を次のようにして設けている．九つの加工工程と一つの組立工程の平均作業時間を 4 単位時間とする一方，一つの加工工程の平均作業時間を 5 単位時間とし，隘路工程には通常の工程に比べて 25% 多い負荷が掛かるようにした．表 2.3 にいま述べた設定の具体的な内容が示されている．なお，どのオーダーも 11 カ所のすべての加工・組立工程で作業が必ず行われるものとする．表 2.4 にこの数値実験で用

表 2.3 モデルへの隘路工程の織込み

隘路工程の有無	加工工程		組立工程		全工程
	工程数	作業時間分布	工程数	作業時間分布	平均作業時間
なし 非隘路工程	10 工程	[1,7]*	1 工程	[1,7]	4 単位時間
あり 隘路工程	1 工程	[2,8]			5 単位時間
非隘路工程	9 工程	[1,7]	1 工程	[1,7]	4 単位時間

* [a, b]：最小値が a,最大値が b の整数値が同確率で生じる離散的分布から無作為に抽出して確定的な作業時間を設定する.

表 2.4 問題の規模とパラメーター

オーダー数	50
仕掛り中の初期オーダー数	7
工程数	11
加工工程（機械台数：5）	10
組立工程（ステーション数：2）	1
オーダー当たりの作業数	11
作業時間	
非隘路加工工程	[1, 7] 単位時間
隘路加工工程	[2, 8] 単位時間
組立工程	[1, 7] 単位時間
オーダーの到着間隔*	5 単位時間
稼働率（%）	
非隘路工程	80%
隘路工程	100%
ジョブショップ率	0, 50, 100%
納期バッファの初期値	0, 2, 4, 6, 10, 14 単位時間
乱数の種**	10 通り

* 平均値 5 単位時間の指数分布から無作為に抽出して整数値に変換したものを用いる.
** 10 通りの乱数系列を取り替えて用い，計算結果に及ぼす乱数の影響を除く.

いるモデルの規模とパラメーターをまとめておく.

2.4.2 ● 数値実験の結果

図 2.7〜2.9 には隘路工程のない場合の計算結果が，図 2.10〜2.12 には隘路工程のある場合の計算結果が描かれている．いずれの場合も，平均加工開始待ち時間，平均生産リードタイム，平均リードタイムに及ぼすジョブショップ率と納期バッファの初期値の影響が描かれている．

a. 製品構成の相違がもたらす影響

図 2.7〜2.9 と図 2.2〜2.4 を比較してみよう．まず，図 2.7 と図 2.2 の違いに

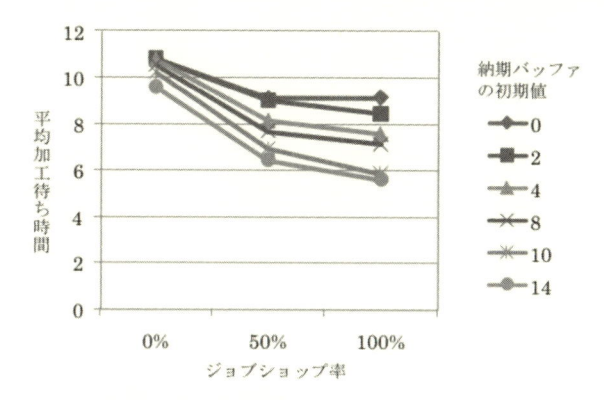

2.4 納期バッファが持っている性質の一般性を検証するための数値実験

図 2.7 平均加工開始待ち時間にジョブショップ率と納期バッファの初期値が及ぼす影響（隘路工程のない場合）

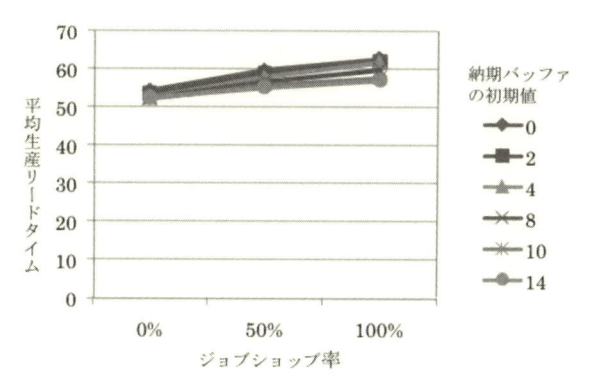

図 2.8 平均生産リードタイムにジョブショップ率と納期バッファの初期値が及ぼす影響（隘路工程のない場合）

気付く．前節の結果と違って，ジョブショップ率の増大につれて平均加工開始待ち時間が減少する．図 2.6 に示した製品構成から想像できるようにジョブショップ率が仮に 10% であっても一つのオーダーの加工を開始する機会は直列的な製品構成に比べて多くなり，ジョブショップ率の増加につれてその機会は増すという理由によって説明できよう．平均生産リードタイムに関しては，ジョブショップ率の増加につれて長くなるという前節で示した傾向がこの場合も観測されている．平均リードタイムは平均加工工開始待ち時間と平均生産リードタイムの和であるために，当然と思われる結果が示されている．

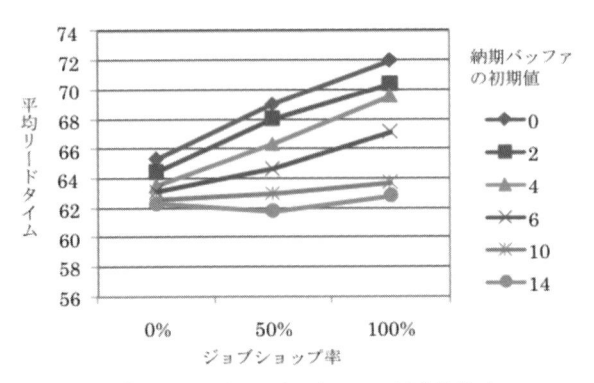

図 2.9 平均リードタイムにジョブショップ率と納期バッファの
初期値が及ぼす影響（隘路工程のない場合）

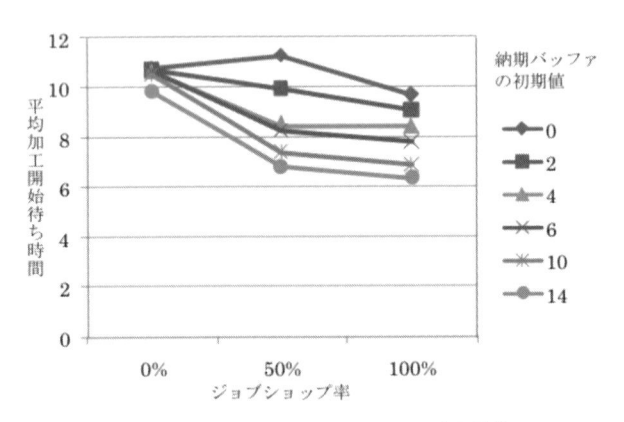

図 2.10 平均加工開始待ち時間にジョブショップ率と納期バッファの
初期値が及ぼす影響（隘路工程のある場合）

　最も重要な結果は納期バッファの初期値の増大につれていずれの時間も減少するという点である．前節の計算結果の分析では，納期バッファの初期値を増大してもジョブショップの効率はフローショップのそれに劣るということを述べたが，図 2.9 を見ると納期バッファの初期値が大きい場合に，平均リードタイムに関してはフローショップとジョブショップはほぼ均衡しているという結果が出ている．これは，少なくともこの計算結果に関しては，納期バッファの初期値の増大によってフローショップとジョブショップの間に見出されていた効率の違いが

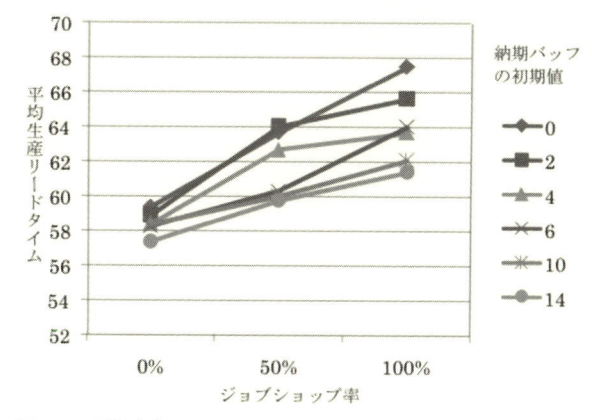

図2.11　平均生産リードタイムにジョブショップ率と納期バッファの初期値が及ぼす影響（隘路工程のある場合）

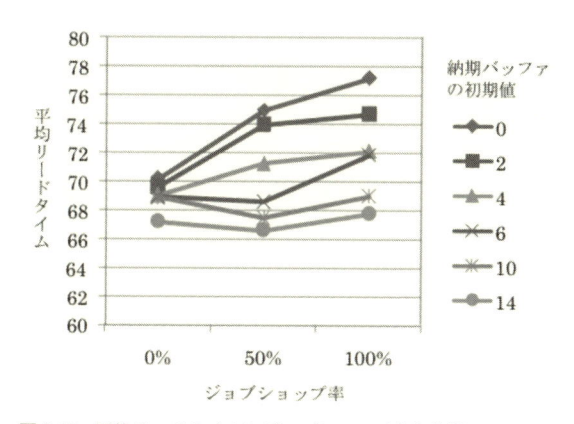

図2.12　平均リードタイムにジョブショップ率と納期バッファの初期値が及ぼす影響（隘路工程のある場合）

解消されている，という興味深い結果が観測されているといえよう．

b．隘路工程の影響

　図2.7〜2.9と図2.10〜2.12を比較する限り，図が描く傾向に関して基本的に大きな違いはない．当然，隘路工程の出現により，負荷が増大して平均生産リードタイムと平均リードタイムはそれ相応に長くなっている．本節で明らかになった結果は極めて重要であり，すべての工程の平均的な負荷が等しいという理想的

な状況のもとで示された納期バッファの持つ効果が，隘路工程が存在するより現実に近い状況下で同様に認められていることは特筆に値する．

2.5 納期バッファに関する別の視点に立った数値実験

2.5.1 納期バッファの性質

以上の数値実験結果は，納期バッファを用いた納期見積りアルゴリズムの有効性が製品構成の複雑性や隘路工程の有無に影響を受けないという推測を許すものといえよう．すでに述べている通り，納期バッファはスケジューリングの融通性をもたらし，ジョブショップの効率性をフローショップのそれに引けを取らない程度に高めることが明らかになった．

これらの数値実験結果より，納期バッファはそれが与えられている顧客オーダーの納期遅れを回避する役割を持っているだけでなく，職場全体のスケジューリングの効率性を高める働きをすることが確認できた．この視点に立つと，顧客オーダーの到着は職場全体の納期バッファの量を一定の水準に保つ働きをしているという見方ができる．つまり，職場全体からすればその融通性とそれによってもたらさる高い効率性を維持するうえで新しい納期バッファの補充が不可欠なのである．ちょうど社会において若い人々の力が必要であるのと同じように．

納期バッファの性質を調べるために，さらに数値実験を行ってみよう．いままでの数値実験では，同じ大きさの納期バッファをすべての顧客オーダーに与えて納期見積りを行ってきた．これから行う数値実験では，異なった大きさの納期バッファを顧客オーダーに与えるといかなる結果が生じるかについて調べる．このような納期バッファの与え方を混合納期バッファ方策と呼ぶことにする．これに対して，すべての顧客オーダーに同一あるいは同一基準の納期バッファを与える方策を単一納期バッファ方策と呼ぶ．

2.5.2 数値実験の計画と結果

a．混合納期バッファ方策のもとでの数値実験1

納期バッファが持っている性質からその結果を推測すると次のようになろう．初期値の大きい納期バッファを持つオーダー群はスケジューリングに融通性を提供する役割を担い，逆に初期値の小さい納期バッファを持つオーダー群はその融

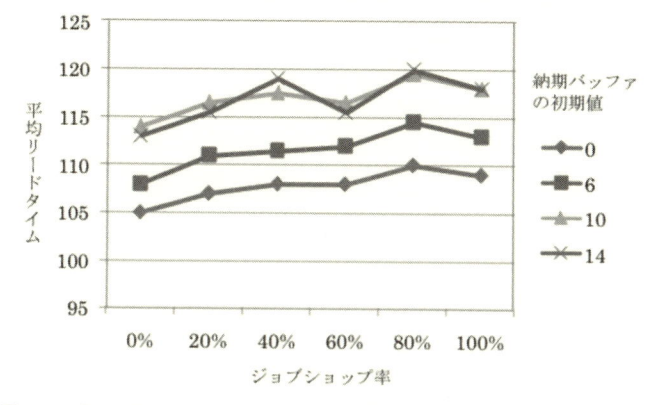

図 2.13 混合納期バッファ方策のもとでの納期バッファの効用（数値実験1）

通性をもっぱら享受し，速やかに処理が行われてオーダーの完了は早くなるという結果が生じるであろう．しかし，大きい納期バッファの初期値を持つオーダー群に属するオーダーも納期バッファの消費が進むと，小さい納期バッファの初期値を持つオーダーと対等に取り扱われるようになるから，いつまでも処理が後回しにされることはなく，納期が来る前にオーダーの完了を迎えよう．

最初の数値実験では，0，6，10，14 の初期納期バッファがそれぞれに与えられた4通りのオーダー群に属するオーダーが等しい確率で到着する場合を取り扱う．図2.13にはスケジューリングの結果から求めた平均リードタイムに納期バッファの初期値が及ぼす影響が示されている．納期バッファの初期値が小さいオーダーほど，平均リードタイムは短くなり，混合納期バッファ方策のもとにおいても推測した通り，納期バッファはそれらが協働して一つの機能を果たすことが観測できた．なお，図中で納期バッファの初期値が10，14の場合に曲線がほぼ重なっているが，これは納期バッファの初期値を10から14に増加してもその効果についてほとんど差がないことを示している．

b. 混合納期バッファ方策のもとでの数値実験2

混合納期バッファ方策のもとでの別の数値実験を行ってみよう．今度は，2種類の納期バッファの初期値を二つのオーダー群のそれぞれに与えるが，初期値の大きさに開きがあるようにするだけではなく，小さい納期バッファの初期値を持つオーダー群の数を大きい初期値を持つオーダー群の数に比べて格段に少なくし

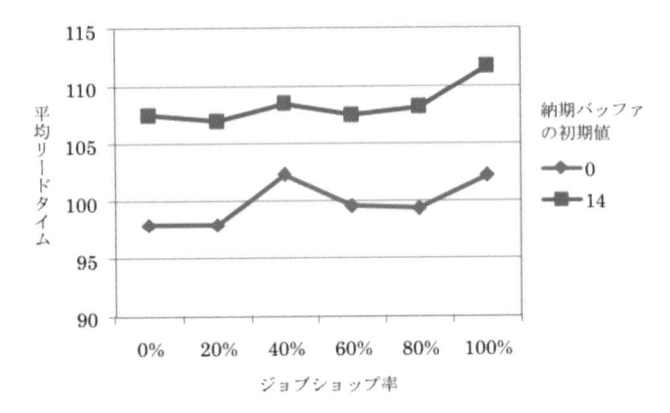

図 2.14 混合納期バッファ方策のもとでの納期バッファの効用（数値実験 2）

表 2.5 追加した数値実験で扱った問題の規模とパラメーター

オーダー数	50
仕掛り中の初期オーダー数	7
工程数	6
加工工程（機械台数：5）	10
組立工程（ステーション数：1）	1
オーダー当たりの作業数	11
作業時間 *	
加工工程	[1, 9] 単位時間
組立工程	[2, 18] 単位時間
オーダーの到着間隔 **	10 単位時間
稼働率（％）	
加工工程	80%
組立工程	80%
ジョブショップ率	0, 10, …, 100%
納期バッファの初期値	
数値実験 1	0, 2, 8, 14 単位時間
数値実験 2	0, 14 単位時間
乱数の種 ***	10 通り

* 加工工程は五つの機械，組立工程は一つのステーションで行われており，負荷を釣り合わせるために組立工程の平均作業時間が機械工程の平均作業時間の 2 倍になるように設定されている．
** 平均値 10 単位時間の指数分布から無作為に抽出をして整数値に変換する．
*** 使用した乱数の影響を避けるために 10 通りの乱数系列を使用している．

て，両者の間で平均リードタイムについてどれだけ差が生じるか調べることにしよう．

具体的には，納期バッファの初期値として0と14を用いて，オーダーの到着の割合は初期値0のオーダーを10%，初期値14のオーダーを90%とする．図2.14に見られるように，平均リードタイムの20%近い大きさの開きが生じる結果が観測されている．図2.13に示された納期バッファが0と14の場合の結果と比べると，両者の差は拡大していることが分かる．オーダーに与える納期バッファの大小とそれらのオーダーの到着数の多少によって特急処理に近い効果を作り出しているといってよい．

いま述べた二つの数値実験の結果も，納期バッファが持っている性質によって説明でき，その性質に一般性があることを裏付けている．表2.5にこれらの数値実験に用いたデータとパラメーターを示しておく．

2.6 ◯ ま　と　め

納期バッファを用いた納期見積り法を示したが，すべての顧客オーダーの納期バッファ値をパラメーターとしてスケジューリングの方法を変えるところに特徴がある．つまり，納期見積りとは新規到着オーダーによって生じる過負荷を避けるように負荷計画を行ってそれらの適正な納期を見積り，従来の有限山積み法に見られるように負荷量を直接計算せずに納期遅れのみを考えて，負荷の平準化を行うところに特徴があるといえよう．

さらに，限度はあるけれども，その初期値を増加することによってリードタイムを短縮するという性質が，納期バッファにあることが明らかになった．この現象は比較的に大きな納期バッファ値を持つ顧客オーダーがスケジューリングの融通性を高め，その結果として効率の良い，言い換えれば，機械やワークステーションの遊休が少ないスケジュールを作成できるという事実によって説明できる．この納期バッファの性質は，納期見積りアルゴリズムにおいて絶えず変化する納期バッファの値をパラメーターとして使用した結果見出されており，この数値実験が行われるまでまったく知られていなかったものである．

初期に行われた数値実験では稼働率はパラメーターとして扱われ，その影響が調べられている．稼働率が低い場合はこれまでに述べてきた納期バッファの性質

の存在を示す結果はほとんど現れないので，その後の数値実験において稼働率は80％に維持されている．この値は製造現場における通常の稼働率を代表するものであると考えたからである．

稼働率を一定に維持するためにデータの発生方法に配慮を払っており，確率的にそれができるようにしている．その結果，短い期間を対象にして負荷の推移を分析すればかなりの変動が認められるけれども，長期的には稼働率は一定に維持されているために負荷変動の激しさには限りがある．それゆえ，負荷変動のより激しい状況下で本納期見積り法の有効性を調べることが，今後の課題として残っているといえる．

● Q&A （1）

Q1 シミュレーションによってスケジュールを作成する場合の段取り替えとロット分割の取り扱い方を知りたいのですが．

A1 ここでは，納期見積りに用いる中短期的なスケジュール（製造現場のスケジュールではないという意味）を作成する場合の取扱いを説明します．スケジューングを行うに当たってデータとして作業時間を準備する必要があり，その際に段取り時間とロットサイズを考慮し，次の式を用います．

作業時間＝段取り時間＋（ロットサイズ×1単位当りの処理時間）

ところで，1件の顧客オーダーにはいくつもの作業があり，どの作業も同じロットサイズを用いてもよいならばこれ以上考える必要はないのですが，そうでない場合は少し工夫が必要です．

たとえば，顧客オーダーに示されたロットサイズが300個であるとしましょう．ロットサイズが大きいとスケジュールの融通性が低下するので，その顧客オーダーをそれぞれのロットサイズが100個である3件のオーダーに分割し，顧客オーダーが同時に3件到着したと考えて納期見積りを行うとともにスケジュールを作成します．見積り納期はほとんど変わらない結果になると思いますが，もし不都合が生じるようでしたら，その中で最も遅い見積り納期をそれら3件のオーダーの見積り納期にすればよいと思います．

この工夫によって，同じ性能の機械が複数台備わった工程を経る場合

に，複雑な処理を施さなくても一つの顧客オーダーの作業を並行して実施するという納期短縮をするうえで望ましいシミュレーションが自然に行われます．

いうまでもないことですが，ロット分割をすると段取り回数が増え，結果的には職場の効率は低下するので，段取り時間が大きい場合のロット分割には十分気を付ける必要があります．

Q2 納期の定義について教えて下さい．
A2 本書のスケジューリングのモデルで用いられる納期は実際に用いられているものと異なっています．式（2.1）と式（2.4）によって示された

見積り納期＝見積り完了時刻＋納期バッファの初期値

という定義はスケジューリングの結果生じる顧客オーダーの完了時刻は見積り納期に遅れることはないというものです．つまり，数式で表わすと次のようになります．

　見積り納期＝スケジュール上の完了時刻＋納期バッファの最終値
　納期バッファの最終値≥0

この場合，用語としては"納期"が一番分かり易いためにそれを用いています．

現実には製品の加工あるいは組立が終了した後に，検査・包装・搬送準備などの作業を終えてようやく出荷が行われるので，出荷をもって納入と考えるならば，それらに要する時間と生産完了の遅れなどを考慮した余裕時間を含む出荷バッファを本章で定義した見積り納期に加えたものを納期と考えるべきです．

第3章
動的な資材引当てを同時に行う納期見積り

3.1 ● 資材調達と納期見積り

伝統的な生産スケジューリングは個別生産を前提としてきたため,資材調達を取り上げる必要がなかった.つまり,顧客の要求する仕様の製品を納期に間に合うように生産するにはまず製品の組立日程を作成し,次にそのコンポーネントである複数の半製品の組立日程を,さらに半製品の組立に必要な部品の生産日程を作成するというように,製品構成の上位のレベルから順次に必要な資材を生産するための日程を作成するというごく当たり前の考え方に従って生産計画が立てられ,購入する資材は製品構成の末端に位置する部品や部品の原材料に限られていた.言い換えれば,これは MRP が出現するまでは一般的であった製番管理方式[26])の基本概念に他ならない[*1].製番管理方式を用いる生産では,特定の顧客オーダーのために作った部品が何らかの理由によって不要になった場合に,それを他の顧客オーダーの部品として転用する必要が生じる.この製番管理方式は本来無駄のないものづくりの方法であったが,生産規模の拡大とともに不要部品の在庫点数と量が増え,それらの転用に手数が掛かるという問題を抱えるようになった.MRP の起源はこの問題を解決するために作り出された方式にあるといわれている.

資材調達は MRP の普及とともに生産管理の中心的な課題になり,その一方,製番管理方式は忘れられた存在となった.しかし,1990年代後半になって現れた APS は製番管理方式の現代版であるという見方ができる.そこでは,生産ス

[*1] 製番管理方式の名称は,生産指示をする際に製品の組立やそれに用いる部品の加工を指示する文書に同一の製造番号を記すことによって,一連の管理が混乱なく行われるようにしていたことに由来している.

ケジューリングがその中心に位置付けられ，資材調達は生産スケジューリングと同期的に行われる．MRPでは顧客から受けた一連のオーダーはMPS（Master Production Schedule）として資材調達計画のための入力情報として位置付けられ，MRPで行われる膨大な計算の基礎になるMPSの変更は計算全体のし直しを意味するために，期の途中における変更は極力避けなければならない[39]*2．それに対して，APSでは顧客のオーダーの可変性はむしろ前提として考えられており，この点に関してAPSはMRPの対極を呈しているといってよい*3．本章では，顧客オーダーの可変性，とくに発注量の変更をどのように取り扱うかについて述べるとともに，そのような状況のもとで前章において述べた納期見積りと生産スケジューリングがうまく実施できるか，つまり納期見積り/生産スケジューリング法の機能がその効果を発揮するかどうかについて検討しよう．

そのために，個別受注生産の状況ではなく，それほど短くないある期間内において，同一の製品を受注に基づいて反復的に生産するという状況を対象とする．当然，製品・半製品・部品の在庫の存在を前提とし，新規オーダーの到着後ある程度の時間が経過してからその発注量に変化があっても，それらの在庫の利用と生産スケジュールの変更によって対応し，それぞれの顧客オーダーの発注量と見積り納期を満たすことが試みられる．次々と到着する新規オーダーの納期見積りに当たっては在庫状況を点検しながらそれを反映した見積り納期を算定し，生産スケジュールを更新する一方，既存オーダーの発注量の変化が発生次第直ちに対応するための方法を示す．その後で数値実験を実施し，本方法の有効性を実験結果に基づいて検証する[10]．

---

*2 米国ではMPSの過度の変更はスケジュール過敏症（nervousness）と呼ばれ，その対策としてMPSの部分的凍結，最終品目の安全在庫保有，MRPの計算で用いるロットサイジング法などが研究されているが，どの企業にとっても有効であるという意味で決定的な方策のないことが知られている．詳細については参考文献39）を参照されたい．

*3 前掲の参考文献の原著は2000年刊行のものであるためか，MRPの計算サイクルの長さを短縮する方法については記されていない．日本の製造業の中にはMRPの再計算を日々実施する企業も現れている．ある企業では，ERPの一つの機能として用意された資材調達計画を使用しており，当該ERPの開発の時期を考えればAPSの考え方が反映されていてもおかしくはない．

3.2 ダイナミック・ペギング

3.2.1 ● ダイナミック・ペギングの定義

まず，需要が激しく変動する製品を対象とし，顧客が対面しているそれぞれの市場は互いに独立したものであることを仮定する．つまり，各製品の需要について増加あるいは減少する傾向はないものとし，ある製品の需要が増加すれば，別の製品の需要が減少するというような製品間の従属関係もないものとしている．その結果として，顧客はオーダーの発注後に注文を取り消したり，また発注量の削減あるいは増加を行ったりし，製造業者も生産した製品の将来における販売と製造した部品や購入資材の今後における消費が見込めるために，顧客の要求を受け入れる方針を持っている．

製造業者は顧客の注文に応じて生産スケジュールを作成し，それを絶えず更新しながら，調達が計画済みあるいは実行済みの原材料・部品・製品の顧客への引当て・再引当てを絶えず行って生産活動を続けていく．絶えず到着する顧客の注文のそれらの資材への引当て・再引当てを効果的に実施する発見的手順をダイナミック・ペギングと呼ぶ[*4]．

3.2.2 ● ダイナミック・ペギングの手順

本章では，前章の後半で取り上げた製品構成を持つ製品を引き続いて取り扱う．したがって，顧客オーダーに引き当てる資材在庫として原材料，部品，製品の三つのレベルの在庫を考える．その場合に，引当て対象となる在庫は手元にある現物在庫だけでなく，すでに生産指示を出している製品・部品の計画在庫や購買指示を出している資材の計画在庫も引当ての対象になる．つまり，資材在庫は現物在庫と計画在庫の2種類がある．引当てや引当ての変更は，その内容に応じて以下の4通りに分けて考える．
(1) 新規オーダーが到着した場合
(2) 発注量の変更が生じた場合
　(2-1) 発注量が増えた場合

[*4] 発見的手順（heuristic procedure）とは最適性の保証はないが，多くの状況下で満足できる解を短時間で作り出す方法をいう．

3.2 ダイナミック・ペギング

(2-2) 発注量が減った場合

(3) 顧客オーダーの取消しがあった場合

　顧客オーダーの仕様に示されている量を"発注量"と呼び，資材の引当て・生産指示・購買指示において用いられる必要な量を"要求量"によって表す．要求量と発注量が一致する場合もあるが，引当てや生産指示の場合には要求量は発注量よりも小さくなるのが一般的である．

(1) 新規オーダーが到着した場合

　以下の三つのステージのうちの必要な段階を経て処理を行う．

　ステージ1： 相当する製品の在庫量を調べる．製品在庫量が発注量より小さくない場合は，発注量に等しい量が顧客オーダーに引き当てられ，製品在庫量はその量だけ差し引かれる．同時に，その顧客オーダーの完了時刻が見積られ，それを記録する．現物製品在庫で満たす場合はその時刻は現時点になるが，計画在庫で満たす場合はその生産オーダーの終了時刻が顧客オーダーの見積り完了時刻になる[*5]．在庫量は正であっても発注量より小さければ，在庫量に等しい量が顧客オーダーに引き当てられ，在庫量を0とする．もともと在庫量が0であった場合，あるいは引き当てた結果0になった場合には，ステージ2へ進む．

　ステージ2： 相当する部品の在庫量を調べる．部品在庫量が要求量より小さくない場合は，要求量に等しい量が顧客オーダーに引き当てられ，在庫量はその量だけ差し引かれる．同時に，その顧客オーダーのすべての部品の調達時刻が見積られ，それらの最大値が組立開始可能時刻として，それを記録する．現物部品在庫によって満たす場合はその部品の調達時刻は現時点になるが，計画在庫で満たす場合はその生産オーダーの終了時刻が顧客オーダーの該当部品の見積り調達時刻になる．部品在庫量は正であっても，要求量より小さければ，部品在庫量に等しい量が顧客オーダーに引き当てられ，在庫量を0とする．もともと部品在庫量が0であった場合，あるいは引き当てた結果0になった場合には，ステージ3へ進む．

　ステージ3： 相当する資材の在庫量を調べる．資材在庫量が要求量より小さくない場合は，要求量に等しい量が顧客オーダーに引き当てられ，資材在庫量はその量だけ差し引かれる．同時に，その顧客オーダーの部品加工開始可能時刻が

[*5] 生産オーダーは顧客オーダーの到着によって派生する下位のオーダーの名称であり，特定の顧客オーダーのために発令されたものとそうでないものがある．

見積られ，それを記録する．現物資材在庫によって満たす場合はその時刻は現時点になるが，計画在庫で満たす場合はその購買オーダーの調達終了時刻が顧客オーダーの見積り部品加工開始可能時刻になる．資材在庫量は正であっても，要求量より小さければ，資材在庫量に等しい量が顧客オーダーに引き当てられ，在庫量を0とする．もともと資材在庫量が0であった場合，あるいは引き当てた結果0になった場合には，相当する原材料の購買オーダーが発行され，その計画在庫のうちの要求量に相当する量が顧客オーダーに引き当てられ，その購買オーダーの調達終了時刻がその顧客オーダーの部品加工開始可能時刻になる．

(2) 顧客の発注量の変更が生じた場合

場合によって異なる取扱い内容を区別するために，それぞれをケース1, 2, …, 6と呼ぶ．

(2-1) 発注量が増えた場合

ケース1： 相当する製品の発注量の増加分を要求量とする新規顧客オーダーが到着したものとして特急処理を行う．通常の新規オーダーと同様に納期見積りを行って生産スケジュールの更新を行う．在庫が不足する場合には，納期が最も遅い現在進行中の顧客オーダーへの資材の引当てを取り消し，この特急オーダーへの再引当てを行う．それでも資材が不足する場合は，いま行った手順を次に納期の遅い既存オーダーに適用し，資源の特急オーダーへの再引当てを行う．引当てを取り消されたオーダーについては，見積り納期は変更せず，既存オーダーでありながら新規到着オーダーと同様の取扱いを行い，ステージ1, 2, 3の適用を経て必要な資材の引当てを行う．

(2-2) 発注量が減った場合

ケース2： その顧客オーダーの加工作業が開始されていない場合には，発注量の削減分に等しい量の原材料在庫への引当て量を取り消し，削減分に等しい量の原材料を在庫に加える．

ケース3： その顧客オーダーの加工作業が開始されていて組立作業が開始されていない場合には，加工作業終了時に発注量の削減分に等しい量の完成部品を在庫に加える．

ケース4： その顧客オーダーの組立作業が開始されている場合には，組立作業終了時に発注量の削減分に等しい量の製品を在庫に加える．

(3) 顧客オーダーの取消しがあった場合

　ケース5：　その顧客オーダーの加工作業が開始されていない場合には，その顧客オーダーの発注量に相当する原材料への引当て量を取り消し，現物原材料在庫への引当てを取り消した場合は取消し量に等しい量を現物原材料在庫に加える．計画原材料在庫への引当てを取り消した場合は取消し量に等しい量を計画原材料在庫に加える．

　ケース6：　その顧客オーダーの加工作業が開始されていて組立作業が開始されていない場合には，発注量に等しい量の完成部品を在庫に加え，発注量に等しい量の製品計画在庫を取り消す．

　ケース7：　その顧客オーダーの組立作業が開始されている場合には，その組立作業終了時点に発注量に等しい量を製品在庫に加える．

3.2.3 ● ダイナミック・ペギングの手順が持つ意味

　図3.1にダイナミック・ペギングの手順の概略を示す．図の左側に示された新規顧客オーダーの到着から納期見積りに至る処理の流れが，この手順の主要部分を構成している．新規到着オーダーの仕様に示された製品の種類，発注量，在庫量によって処理の流れが異なったものとなる．場合によっては，他の既存オーダ

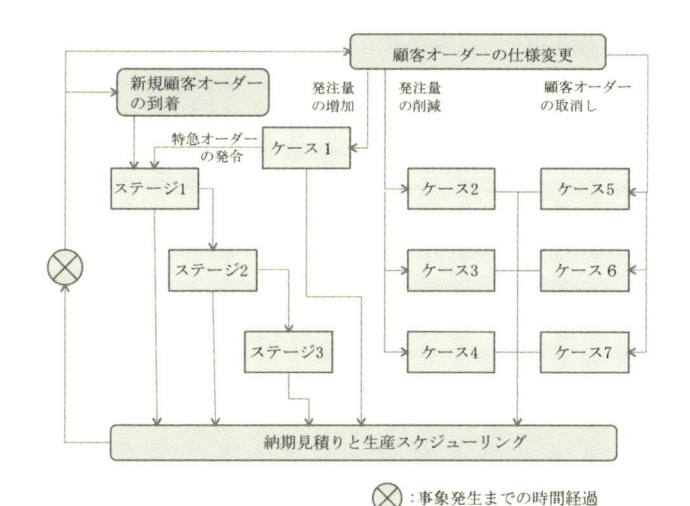

図3.1　ダイナミック・ペギングの手順

ーの取消しによって新規オーダーの発注量を超える量の製品在庫があるために生産が一切不要になることが生じる．これは例外的な場合であり，資材の引当て結果に基づき，加工開始時刻，加工終了時刻，組立開始時刻，組立終了時刻それぞれの最早値が求められる．

最早値というのは，実際には開始や終了という事象がその時刻以降に生じるという意味で用いられる．たとえば，加工開始時刻はその部品の加工に必要な原材料の調達時刻によって与えられるが，加工に利用する機械が実際にはその部品の加工にいつ用いることができるかは分からない．その時刻は納期見積りの処理の結果として暫定的に決定されるけれども，納期見積りの結果確定するものは納期以外に何もない．

仕様変更の内の「発注量の増加」は増加分を発注量とする同一製品に関する新規顧客オーダーの到着として処理することをすでに述べた．これは，処理を単純化するためのものであり，既存オーダーの納期と異なる納期がその新規オーダーに与えられ，このオーダーについては特急処理の手続きがとられる．仕様変更の時期については納期見積り後納期直前までに生じ得ると設定されているのでむしろこれは合理的である．仕様変更の時期が早ければ，追加したオーダーの納期がもとのオーダーのものに等しくなることも有り得る．

「発注量の減少」はすでにそのオーダーに引き当てられていた在庫を部分的に取り消すことになるから，新規到着オーダーの在庫引当ての条件が改良されることになる．つまり，先に述べた加工開始時刻，加工終了時刻，組立開始時刻，組立終了時刻の最早値がより早くなることを意味する．「顧客オーダーの取消し」は新規到着オーダーの在庫引当ての条件がいっそう改良されることになる．それらの余剰在庫は，既存オーダーの再引当てに利用することが実際には望ましいけれども，それを行うと手順が複雑になるため，ここでは行っていない．しかし，その結果生じる在庫引当て環境の改善は，「発注量の増加」に伴って仮想上設けられる新規顧客オーダーによって利用され，その納期の早期化に確実に役立つので，システム全体として考えた場合には効率を低下させる結果にはなっていないといえよう．

3.3 ◯ 数 値 実 験

3.3.1 ● 数値実験の計画

　すでに述べた通り，この数値実験では納期見積り後に顧客オーダーの仕様が発注量に限り，各顧客オーダーに関して高々1回変更が行われる．その変更確率が顧客オーダーの仕様変更率である．たとえば，仕様変更率が 50% の場合には半数の顧客オーダーの発注量が変更される．もちろん，仕様変更率が 0% の場合には仕様変更はまったく生じず，その場合の結果は比較の基準として用いられる．仕様変更の時期は納期見積りの時期から納期までの期間中のある時期を，仕様変更が決まった顧客オーダーごとに無作為に選んで定める．

　初期の発注量は変数を整数値に限った離散分布 [1,9] から無作為に選んで決め，変更後の発注量も同様の離散分布 [0,9] から無作為に抽出して決める．たとえば，発注量が 8 であったところ，変更後に 3 が選ばれた場合に，製品 5 単位量に相当する大きさの在庫量が変更の時期に応じて原材料，部品，製品のいずれかについて増加する．変更後に 0 が選ばれた場合には，顧客オーダーの取消しが生じたことを意味し，製品の発注量に相当する大きさの在庫量がその取消しの時期に応じて原材料，部品，製品のいずれかについて増加する．ダイナミック・ペギングの手順の説明に当たっては発注量の削減と顧客オーダーの取消しを区分しているが，このモデルに関しては次に述べる点を除いて同じ取扱いが行われる．異なる点は，顧客オーダーの取消しの場合には該当する顧客オーダーを除去する必要があり，その時期は加工開始前であれば取消しの時点ですべてのスケジュールを，組立開始前であれば組立スケジュールを除去し，組立作業中であればすべての顧客オーダーと同様に組立終了時にスケジューリングの対象から外される．

　各製品の工程図は図 3.2 の通りであり，2 種類の原材料を用いて 2 種類の部品を加工し，それらを組み立てて製品を作る．取り扱われる原材料は 5 種類，部品は 5 種類，製品は 10 種類あり，製品によって工程の順序と加工内容，所要時間，組立時間が異なるものとする．顧客オーダーの仕様変更と取消しによって 5 種類の原材料在庫，5 種類の部品在庫，10 種類の製品在庫の変化が生じる．問題の規模とモデルで用いられるパラメーターを表 3.1 にまとめておく．

　仕様変更の影響を納期バッファがどのように吸収するかについて検証するため

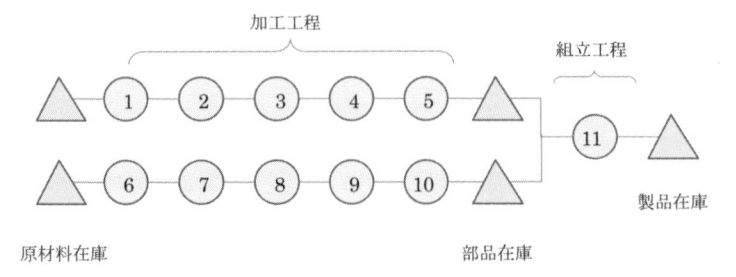

```
         加工工程              組立工程
    ┌─────────────────┐      ┌──┐
 △ ─①─②─③─④─⑤─ △ ─⑪─ △
 △ ─⑥─⑦─⑧─⑨─⑩─ △
原材料在庫           部品在庫           製品在庫
```

図3.2　各製品の工程図
数字は工程番号.

表3.1　問題の規模とパラメーター

項目	値
到着が予定されている顧客オーダー数	100 件
職場に到着済みの顧客オーダー数	7 件
製品の種類	10 種
部品の種類	5 種
原材料の種類	5 種
作業ステーション数	6 ステーション
加工ステーション数	5 ステーション
組立ステーション数	1 ステーション
作業数	11 作業
加工時間	[1, 9] 単位時間
組立時間	[2, 18] 単位時間
納期見積り時の発注量	[1, 9] 単位量
納期見積り後の発注量	[0, 9] 単位量
顧客オーダーの仕様変更率	0, 10, 20, 30, 40, 50, 60, 70 %
稼働率	80 %
ジョブショップ率*	0, 50, 100 %
原材料の調達期間	50 単位時間
原材料の購買量	50 単位量
正味所要時間に対する納期バッファ比**	10, 20, 30, 40, 50 %
乱数系列の数***	10 通り

　* ジョブショップ率＝(1− 特定の加工経路を持つ顧客オーダー数/顧客オーダーの総数)
　　×100 %
 ** 前章で述べた単一納期バッファ方策の利用として考えており，5通りの納期バッファ比
　　を本実験のパラメーターとして用意している．納期バッファ比＝(納期バッファの初期
　　値/顧客オーダーの正味総所要時間)×100 %
*** 乱数系列の取替えは，オーダーの到着時刻，発注量，再発注量，作業時間などのすべて
　　のデータを取り替えてシミュレーションを実施し，乱数の影響を取り除くために行う．

に，従来の数値実験と同様にパラメーターとして用意された納期バッファを取り
替えて数値実験を実施する．表3.1に示す通り，本実験では納期バッファ比の初

期値をパラメーターとしているが，これは発注量の幅が大きいために共通した大きさの納期バッファを与えると，総作業時間に対して相対的に非常に小さい初期値を持つオーダーが，少なくとも発注量変更前に限れば，作られることを避けた処置である．その結果，納期バッファの初期値に関してオーダー間で差異が生じるが，オーダー間の取扱い方を変えるための処置ではないので，単一納期バッファ方策を採択していると考えている．

それぞれのパラメーターの組合せのもとで，乱数の系列を取り替えて 10 回の数値実験を行い，平均リードタイムと納期遅れの平均発生件数を求めて納期バッファの効果を検証する．

3.3.2 ● 数値実験の結果

まず，平均リードタイムと納期バッファの関係を見てみよう．図 3.3 にジョブショップ率が 50% の場合の平均リードタイムが示されている．横軸は顧客オーダーの仕様変更率を，縦軸は平均リードタイムの大きさを表している．それぞれの曲線は 4 通りの納期バッファ比の初期値に応じた変化の様子を示しており，二つのことがこの図から分かる[*6]．一つは納期バッファの大きさにかかわらず仕様変更率の増大につれて平均リードタイムが長くなるというものであり，他の一つは納期バッファには平均リードタイムの増加を抑制する働きがあるというものである．前者は予想された結果であり，仕様変更の発生は効率的な生産を妨げ，リードタイムの増加というパフォーマンスの低下をもたらすことが改めて確認できた．

一方，後者はそのような非効率の発生を抑制する働きが納期バッファにあることを示している．たとえば，仕様変更率が 10% の場合を基準にして考えてみよう[*7]．納期バッファ比が 0% と 40% の二つの場合が示す数値から読み取れる納期バッファの平均リードタイム短縮の効果は 100 単位時間より多くあり，これはリードタイムの 10% 以上に当たる．次に仕様変更率が 15% 増加した 25% の場合を見ると，短縮の効果は減少するけれどもなお 100 単位時間近くある．この場合

[*6] 数値実験では納期バッファ比が 30% と 50% を含めて 6 通りの場合について行っているが，30，40，50% の場合にはほとんど違いがないので，40% の場合をそれらの代表として図示している．

[*7] 現実には様々な内容の仕様変更が生じるが，ここでは発注量の変更をそれらの代表として考え，10% 程度の仕様変更は通常生じるという意味で"基準"と称している．

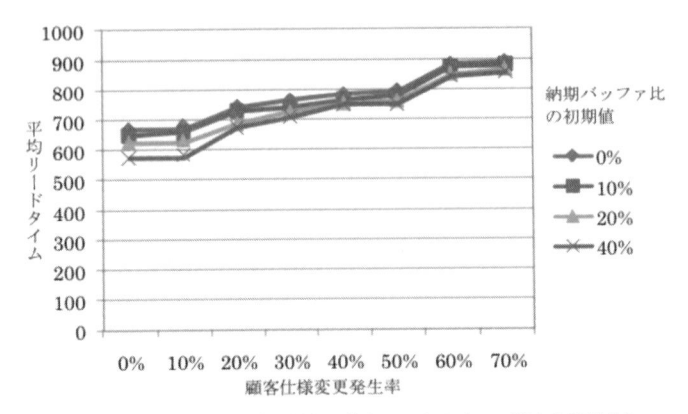

図 3.3 顧客仕様変更発生率の増加に伴うリードタイムの増大を抑制する納期バッファの効果（ジョブショップ率：50％の場合）

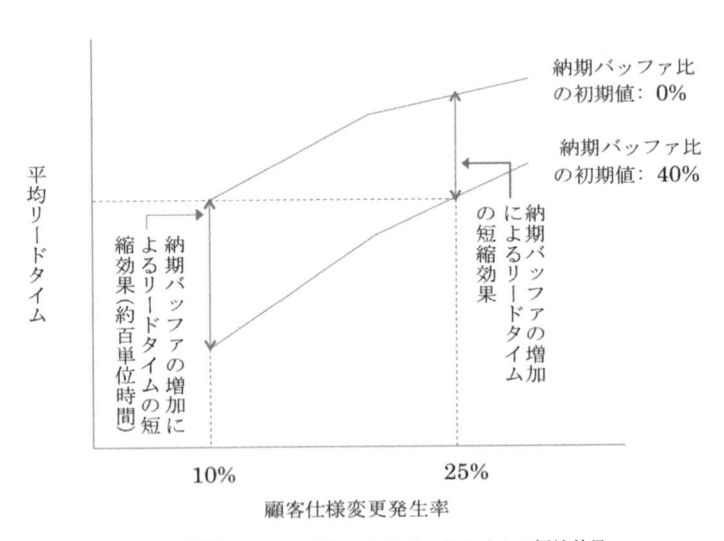

図 3.4 納期バッファの増加によるリードタイムの短縮効果

に，納期バッファ比が 40％ の平均リードタイムは，納期バッファ比が 0％ の場合における仕様変更率が 10％ 程度の時に生じる平均リードタイムとほぼ等しくなっている．つまり，仕様変化率が 10％ の場合に納期バッファを用いずに実現されている平均リードタイムが，仕様変化率が 25％ という実際であれば変動の極めて激しい状況下においても，納期バッファの利用によって依然として同じ水

3.3 数値実験

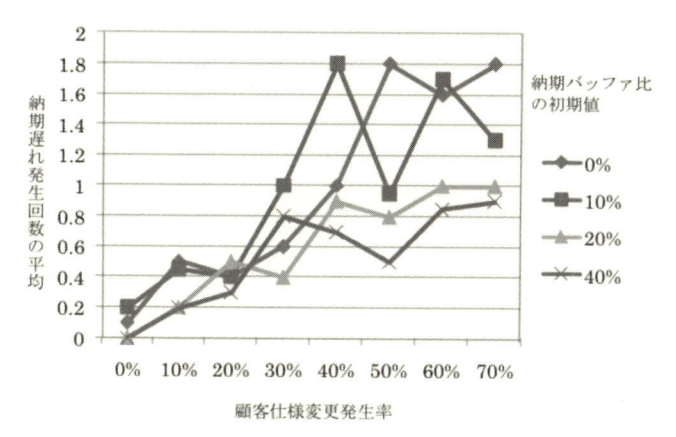

図 3.5 顧客仕様変更発生率の増加に伴う平均納期遅れ発生回数の増大を抑制する納期バッファの効果（ジョブショップ率：50% の場合）

準のリードタイムが保持されていることを示している．このことから，納期バッファが頻発する仕様変更の影響を完全に吸収して平常時のリードタイムを保証しているといえよう．図 3.4 はいま述べた納期バッファの効果を理解するのに役立つと思われる．

ジョブショップ率が増加するとこの納期バッファの効果は増大する傾向が認められるが，50% と 100% の違いはそれほど大きなものでない．一方，ジョブショップ率が減少すると納期バッファの効果は小さくなり，0% つまりフローショップの場合には納期バッファの大きさによる違いはほとんどなくなる．

次に，平均納期遅れ発生回数と納期バッファ比の関係を見てみよう．図 3.5 にジョブショップ率が 50% の場合における結果が示されている．横軸は顧客オーダーの仕様変更率を，縦軸は納期遅れ発生回数の平均値を表している[*8]．それぞれの折れ線は納期バッファ比の初期値に対応する変化を示しており，予想された通り，納期バッファの大きさにかかわらず仕様変更率の増加につれて納期遅れ件数が増える傾向が見られる．ただし，仕様変更率が 40% を超える場合でも，

---

*8 データを取り替えて異なるシミュレーションを同一条件のもとで 10 回行い，それぞれのシミュレーションで観測された発生回数を平均して求めている．たとえば，納期遅れの件数が 0, 0, 1, 0, 0, 0, 1, 0, 0, 0 であれば，発生回数の平均値は 0.2 となる．本来ならば，度数分布表を用いるべきであるが，納期バッファの効果を分かり易くするために折れ線グラフを用いている．

顧客オーダーを100件処理して納期遅れが平均して1件を超える程度であるから，仕様変更が頻発するという状況下で多いということにはならない．これは，納期見積りが適正に行われ，納期バッファがうまく用いられてスケジュールが作成されていることによる．納期バッファ比が正味総加工時間の40%も与えられると，仕様変更発生回数が増加しても平均納期遅れ件数は1件に満たないという結果から，納期バッファの効果は本実験で取り上げたような変動の激しい状況においてもいかんなく発揮されたといえよう．

ジョブショップ率が0%と100%の場合も類似した結果が観測されており，たとえば，納期バッファ比が10%の場合に平均納期遅れ件数が1件を超えるという結果が前者の場合に2例，後者の場合に3例生じている．

これらの結果を総合すると，納期バッファは仕様変更が頻発するという動的な状況下においてもリードタイムを短縮する効果を持つとともに，納期遅れの発生を極めて低い水準に抑制する効果を持っていることが明らかにされたといえる．繰り返して述べることになるが，納期バッファが単に時間上の余裕として与えられているだけであれば，このよう効果が現れることはあり得ず，納期バッファをパラメーターとして納期見積りを実行するアルゴリズムにダイナミック・ペギングの手順が付加され，それらの機能が統合された結果として生じている点に留意してほしい．

3.4 ◯ 検　討

極めて動的といえる受注状況のもとで，納期見積りを行いながら，このように良い結果が出たのはなぜなのだろうか．まず，前章に示したものと本章における納期見積り/生産スケジューリングの違いがどこにあるか考えてみる．資材調達を考慮しなかった前章の納期見積り/生産スケジューリングと異なるのは，納期見積りの基準になる時刻が顧客オーダーの到着時刻，つまり現時刻ではなく，将来の時刻が基準になるという点である．たとえば，部品の原材料在庫が必要であるのに，現物在庫はないために計画在庫に引き当てる必要が生じる．すでに発注済みであって，たとえば40単位時間後でないと引き当てられないとしよう．もう一つの部品の原材料在庫に対する引当てが可能であってもそれによって早い納期の見積りができることにはならず，その顧客オーダーの納期は一つの部品の生

産に必要な原材料の現物在庫がないために遅く決まる可能性が高い．つまり，顧客オーダーの作業開始時刻に制約が付くことになる．逆に，必要な2種類の部品の計画在庫量がたまたまある場合を考えると，加工作業は不要であっても計画在庫が現物在庫に変わるまでは組立作業を開始することはできない．このような資材の利用に関する制約を資材制約と呼ぶことにしよう．資材在庫の有無によって早い納期が見積れる場合も，逆に遅い納期が見積られる場合も，スケジューリングは資材制約の影響を受けることになる．

　もう一つの相違点は，既存オーダーの発注量が増えた場合に，その増加量に相当する量を発注量とする新規オーダーの到着を想定し，その新規オーダーを特急処理扱いにして納期の遅いオーダーに引当て済みの必要資材を新規オーダーに引き当てるという点である．もちろん，その納期の遅いオーダーには資材の再引当てが必要になる．つまり，資材引当て・再引当てに関する優先処理が行われる．

　したがって，納期見積り/生産スケジューリングに関しては，発注量の増えたオーダーの取扱いは資材引当て・再引当ての観点に立って優先的にスケジューリングを実施するが，それ以外の処理の仕方は新規到着オーダーと変わらない．つまり，資材制約を付加的な制約として従来通り設備あるいはワークステーションの利用可能性を考慮してスケジューリングを実行することになる．取り消されたオーダーの処理は進行中の作業に関してのみ，その作業が終了するまで職場に存在し，その後は取り除かれる．これらのことを除けば，スケジューリングに関して変化はないといってよい．資源制約の影響を受けて完了時刻が遅くなることがあっても，納期見積りに関しては何の不都合も生じない．

　実のところ，この数値実験にはもう一つの検討課題があった．それは，前章で述べた数値実験とは比較にならないほど変化に富んだ条件下でシミュレーションが実施されるため，その影響がどのように現れるか大いに関心があった．具体的にいえば，従来の数値実験では到着間隔は指数分布から無作為に抽出して設定されたし，設備やワークステーションの作業時間は離散分布から抽出して定めていたので，負荷の変動はおのずから限定されていた．ところが，この数値実験では発注量はオーダーの到着時に離散分布 [1, 9] から無作為に抽出して決定し，仕様変更時にその値を [0, 9] からやはり無作為に抽出したものに変更するため，極端な場合にはオーダーがもたらす作業負荷は最大9倍にもなり，この仕様変更はいままでになかった大きな負荷変動を作り出す．したがって，発注量の変更に

よって納期遅れが生じることは自明であり，どのような結果がもたらされるかについて関心があった．結果は予想に反して，平均発生件数は納期バッファを小さく設定する場合は別として1件にも満たないものであった．

予想外の結果が生じた理由の一つは，納期見積りを行うことによっていかに負荷変動が激しくても負荷の平準化が基本的に維持されているということにあり，もう一つは納期バッファの働きにあるといえよう．前章における納期バッファの働きはスケジューリングの融通性を高め，その結果としてリードタイムが短縮され，同時に納期遅れが排除された．本章の数値実験においては，とりわけ納期遅れの排除の役割が大きかったといえよう．納期遅れの発生が生じる状況が何度も生じているにもかかわらず，残存バッファの小さくなったオーダーの優先処理が行われ，その影響が他の顧客オーダーに及ばないだけの大きさの残存バッファを各オーダーが保持していたに違いない．この数値実験で設定された条件のもとでは，オーダー別には作業負荷に対して過小といってよい残存バッファしか持たないオーダーがある一方，作業負荷に対して過大の残存バッファを持つオーダーがあり，製造現場全体としては一定の大きさの納期バッファが保有されている状況が常に維持されていたことが，納期遅れの発生の回避を可能にした理由であろう．

もう一つ明らかになったことは，納期バッファはスケジューリングの融通性を高めて効率の良いスケジュールを作成するという働き以外に，突然必要になったスケジュールの変更を効率良く処理する働きがあるという点である．本章で取り扱った数値実験はまさにこのような変化に対する迅速な対応力を調べるものであった．そのことは実験結果を示している図3.3とその解説から明らかである．納期遅れの発生ならびにリードタイムの増大をもたらすことなく，外部から与えられたスケジュールの変更要請に応じて見事な対応力を発揮した結果が得られている．ただし，実用上の機能としてはいままでになかったものであるが，その機能を可能にする論理はスケジューリングの融通性にあることは変わらない．納期バッファの役割の大きさが改めて認識されたといえよう．

3.5 ● ま と め

生産スケジューリングの問題として通常は取り上げられない資材調達との関連性が明らかにされた．複数の製品を受注に応じて反復的に生産するという受注生

3.5 まとめ

産状況を取り上げ，顧客オーダーに示される仕様の内の発注量が受注後に変わるという動的な状況の設定が行われた．その状況のもとでは，製品在庫，部品在庫が生じるとともに部品の生産に使用する原材料の在庫切れが生じるので，新規到着オーダーの納期見積りに当たって資材在庫がある場合はその引当てが行われ，また原材料在庫の品切れが生じる場合にはその購入のための発注を行いながら，製造現場の生産スケジュールは資材の在庫状況を考慮して更新されていく．

既存オーダーの仕様変更があった場合に，発注量の増加，削減のどちらであるかによってその取扱いは当然異なったものになる．前者の場合には，増加量に相当する量を発注量として持つ新規オーダーの到着があったものとして納期見積りが行われ，もとのオーダーの見積り納期に近い納期を与えるためにその新規到着オーダーを特急処理扱いにする．できる限り資材在庫の引当てができるように，同じ製品を生産する既存オーダーの内の納期の遅いオーダーへの製品，部品，原材料の引当てがいったん取り消され，必要とされる資材を新規オーダーに引き当てるという優先処理が行われる．発注量が減る場合は，生産スケジュールは部分的に変更され，在庫量（現物在庫量・計画在庫量）の修正が行われる．発注量削減の特殊な場合である注文の取消しも取り扱う．この場合は，作業が始まっている場合はその作業が終了するまではそのオーダーは存在するもの見なされ，作業終了時にオーダーは取り除かれ，その作業によって生産された部品あるいは製品は在庫に加えられる．

このような受注状況下においても，前章で示された納期見積り/生産スケジュール法は有効であることが数値実験の結果から明らかにされた．予想された納期遅れの発生率は納期バッファの大きさが小さくない限り，発注量の変更が頻繁に生じても平均して1%にも満たないことが観測されており，顧客オーダーの発注量変更という大きな影響をもたらし得る変動が頻発する状況下での，本納期見積り/生産スケジュール法の頑健性が実証された．また，発注量の変更は平均リードタイムの増大をもたらすが，納期バッファにはその増大を抑制する働きがあること，つまり既存オーダーの発注量の変更がもたらす製造現場の非効率を吸収する機能のあることが実証された．

● Q&A (2)

Q 発注量の変更が頻発するという動的な状況のもとで納期遅れの発生を回

避したり，リードタイムの増加が抑えられたりすることに関心があります．自分が働いているところでは，設計変更や設備の故障など様々なトラブルが発生してその対応に追われています．原因が異なってもこの納期見積り/生産スケジューリング法を用いると，様々なトラブルの影響を減らすことができるのでしょうか．

A　設計変更の場合は，多くの場合に加工手順や作業時間の変更という形で現れるのではないかと思います．その変更によって影響を受ける作業が開始される以前であって，その準備をする余裕がある限り，スケジュールの変更をするだけで済みますから，設計変更が時々あっても納期遅れの発生は避けられると思います．問題になるのは変更が通知される時期がそれよりも遅くなる場合です．作業が始まってから変更が行われる場合は，資材や作業の無駄が生じるので，その再発を防止する対策を講じることが何よりも大事でしょう．現実にはそれらの中間的な場合が多いのではないかと思います．その場合は，予定されていた作業の開始予定時刻を遅らせることになりますが，その影響が顧客オーダーの予定された完了時刻に及ばないようにスケジュールを作り替える必要があり，この納期見積り/スケジューリング法を用いれば，最善の生産スケジュールが作れるはずです．

　　設備故障の場合は故障の期間がそれほど長くなければ対応可能です．当初の予定より遅れても，故障した設備が隘路工程でなければ，この納期見積り/スケジューリング法によってその遅れは取り戻せることが多いと思います．故障の期間が長い場合は，この方法はどれだけの納期遅れが生じるかを予告するだけの働きしかできません．しかし，日々の製造現場の生産スケジュールにその情報を反映させて，残業などによって取り戻すことができますから，そのような意味では役立つはずです．次章では，この納期見積り/スケジューリング法が作成する中短期生産スケジュールと製造現場の日々の生産スケジュールの関係について取り扱いますのでぜひ参照して下さい．

II 応用編

第4章 顧客要求納期とメーカー理想納期

4.1 ● サプライチェーンのパートナーとしての顧客と製造業者

　1990年代になって世界の産業界で脚光を浴びたサプライチェーン・マネジメント（SCM）は，その当初の理念はやや変化したかもしれないが，産業界に定着しこれほど広く受け入れられた経営管理技術は他に類を見ないように思われる．その理由はやはり，サプライチェーン上のパートナーが協働して最終消費者が享受する顧客価値を最大にするというその理念に普遍性が認められるからであろう．ところで，製品寿命の長短にかかわらず，需要に見合った量の製品を生産し，また必要な量の在庫を保有して販売するという見込生産に，SCMは適合した経営管理技術として受け取られがちであるが，SCMの理念と方法は，受注生産においても大きな潜在的価値を持っているものであるという点について十分理解されているとはいえない．

　受注生産，とくに個別生産の場合には製造業者と顧客との関係に関心が払われ，それが大切であることはいうまでもないが，製造業者が将来の顧客を含めたすべての顧客との間で理想的な関係を維持することが益々大切になっている．言葉を変えれば，それぞれの製造業者は自社がかかわるサプライチェーン全体の姿を具体的に描き，すべての顧客をパートナーとして認識し，製造業者と顧客との関係のみならず顧客間の望ましい関係をSCMの理念に基づいて維持し，発展させていく必要がある．

　本章で取り上げるのは，顧客が要求する納期と製造業者が顧客に対して製品を実際に納める納期に関する問題である．日本では古来「お客様の望む納期は何としても守らねばならない」という金科玉条がある．しかし，はたしてそれは正しいのだろうか．まず，顧客が要求する納期がすべて合理的に定められたものかど

うかが分からない．たとえば，顧客が使用中の金型が破損し，急遽それに代わる新品の金型を発注するというような場合，金型メーカーとしては何とかして要求納期通り納品したいと考えるであろう．このような場合は別として，生産に何日かを要する製品の納期が顧客から指定される場合，製造業者の納入の遅れを見込んで実際に必要な時期よりも早く納期を定めることが少なくない．それにもかかわらず，製造業者は納期を遵守するために何日も残業を行ったり，あるいは余力を作るために他の顧客と交渉してすでに決まっている納期を遅らせるようなことを行ったりするならば，それらの行為は不合理以外の何物でもない．このように，顧客が恣意的に納期を定める以外にも問題のある納期設定が行われることがある．それは，顧客がその製造業者との過去の取引経験に基づいて納期を決めるような場合に生じる．工場の負荷状況や資材調達の事情が異なると，類似した製品であっても生産に要する期間は大幅に変わり，顧客の要求する納期通りに製造業者が製品を納入することは難しくなる．

米国では数十年前から顧客が発注に先立って製造業者に納期回答を求める産業文化があり，近年には引合い時での納期の即時回答が顧客確保のうえで欠かせなくなっていることが記され，光ファイバーケーブル工場で待ち行列網を利用して納期見積りを行っているという報告がある[37,38]．このような先端的な事例には，企業間の競争を背景としてコンピュータを駆使して効率を追求せざるを得なくなってきたという側面があることは事実である．その後，現れたSCMには，競争原理に駆られるよりも賢くものごとを処理することに重きを置く考え方があるように思われる．それは，当事者が情報の共有を通してそれぞれの無駄を省き便益を増やすというものである．

前述した納期見積りの場合であれば，製造業者がいつであれば納入できるかを情報として顧客に提供し，顧客がその情報を信じるならば，顧客は納期遅れを見込んで納期を早く定める必要はない．また，過去の実績に基づいて納期を設定した顧客も，現状では希望する期日の納入が難しいことを知って他の製造業者に発注することになったとしても，その製造業者の信用は損なわれることはなく，長期的に両者はより大きな便益を得ることになろう[*1]．前述した二つの非合理的といえる状況は，顧客と製造業者の間で情報共有がされていないことによって生

[*1] 便益 (benefit) は金銭的な利益のみならず，都合のよさなどを含めた広義の利益を指す．SCMでは各パートナーの便益の増大が望まれる．

じたものである．現在は製造業者だけでなく顧客もかつてのように製造業者を縛っている金科玉条に付け込むことを改め，共有した情報に基づく合理的な決定によって両者がより大きな便益を得て，その結果として最終消費者が豊かになるという時代が到来しつつあることを SCM の理念は示唆している．

4.2 ◎ メーカー理想納期と共有情報の価値

それでは，個別生産を含む受注生産状況において顧客と製造業者はどのような情報を共有すればよいのか．それは，顧客にとっては明らかに入手を望む製品がその量も含めて何時納入されるかというものである．しかも，論理的な方法を用いて見積もられたものであって，その確度が高いものでなければならない．また，製造業者にとって大切な顧客であるからという理由により特別に定められるような納期があるならば，提示されるすべての納期は情報としての価値はなくなる．なぜなら，大切であると見なされない顧客には不利な納期が提示されることを意味するからである．情報として共有する価値のある納期とは客観的かつ合理的に決定されるものであって，すべての顧客が納得するものでなくてはならない．

次に，サプライチェーンのどのプレイヤーによって納期が設定されるべきであるのか．当然，製品と生産工程の情報を集中的に保有する製造業者によって設定する以外には考えられない．具体的には次のような条件を有するものになろう．

(1) 納期は顧客間の差別が行われず，顧客オーダーの仕様に示された要求が満たされるように設定されねばならない．
(2) 納期は製造業者の製造現場の現在の状況のみならず，視野に入れる必要がある将来の期間における状況を考慮して設定されたものでなければならない．
(3) 設定された納期は通常の生産能力のもとで実現できるものでなければならない．

ここでは，顧客の要求する納期については考えないことにする．顧客が要求する納期の妥当性を裏付ける情報を製造業者が取得することは通常難しいからである．製造業者が保有する納期見積りに必要な情報と 2 章で述べた納期見積り法を用いて納期を求めるならば，見積もられる納期はこれらの条件に適ったものになるため，それらをメーカー理想納期と呼ぶことにしよう．一方，顧客がその製造業

4.2 メーカー理想納期と共有情報の価値

者に求める納期を顧客要求納期と呼ぶ.

SCM を取り扱う理論では,パートナーが共有する情報の価値を定量化することが試みられる[24]. 理論の世界では定量化されたその価値が大きければ,情報共有の実現はおのずから可能になると考える.サプライチェーンのパートナー間で実際に情報の共有が行われる場合には,計算できないほど大きな便益が得られるのが普通である.本書でも,SCM 研究で用いられている方法論に準拠して,共有される情報の価値の定量化を試みよう[14].

まず,求められたメーカー理想納期を次式で示す.これは2章で示したものである.

$$D_i^m = ET_i + DB, \quad i \in I \tag{4.1}$$

ここで,D_i^m は顧客オーダー i のメーカー理想納期,ET_i は顧客オーダー i の完了時刻の見積り値,DB は初期納期バッファ,I はある期間中に納期が見積られる顧客オーダーの集合である.DB は前章で行ったように顧客オーダー i の作業量に基づいて変えてもよいが,ここでは顧客オーダー間で格差を設けないという趣旨に合わせて一定値を示す表記方法を用いている.

次に,顧客要求納期を次式で示す.顧客はそのオーダーのメーカー理想納期に関する情報を持っていないものとして,顧客の納期はその設定の結果としてメーカー理想納期の前後にばらつく値を選択していることを示している.

$$D_i^c = [D_i^m - \alpha(D_i^m - E_i)/2, D_i^m + \alpha(D_i^m - E_i)/2], \quad i \in I \tag{4.2}$$

ここで,D_i^c は顧客オーダー i の顧客要求納期,E_i は顧客オーダー i の納期見積りの実施時刻,$[L, U]$ は下限が L,上限が U で与えられる整数値の中から無作為に抽出された値を示す記号,α はばらつきの程度を示すパラメーターであり,1より小さい非負の値をとるものとする.以後,これを顧客要求ランダム度係数と呼ぶ.α が0の場合には顧客要求納期はメーカー理想納期に一致する.

式 (4.2) を書き換えると次のようになる.

$$D_i^c = [D_i^m - \alpha(LT_i^m)/2, D_i^m + \alpha(LT_i^m)/2], \quad i \in I \tag{4.3}$$

ここで,LT_i^m は顧客オーダー i のメーカー理想納期に対応するリードタイムの見積り値である.顧客要求納期は二つのパラメーター α^L,α^U を用いるようにするとより現実的な表現ができよう.つまり,次のように,顧客要求納期を表す.

$$D_i^c = [D_i^m - \alpha^L(LT_i^m)/2, D_i^m + \alpha^U(LT_i^m)/2], \quad i \in I \tag{4.4}$$

もし,実際のデータに基づいてパラメーター値を求めるならば,下限パラメータ

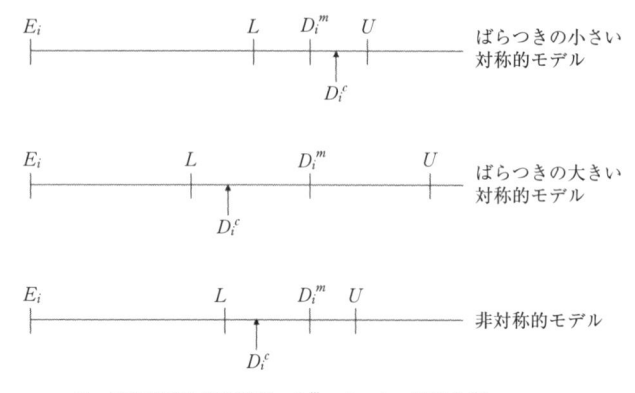

```
   Eᵢ              L   Dᵢᵐ   U
   |———————————————|———|—|—|————————    ばらつきの小さい
                       ↑                 対称的モデル
                      Dᵢᶜ

   Eᵢ              L       Dᵢᵐ       U
   |———————————————|———————|—————————|   ばらつきの大きい
                     ↑                    対称的モデル
                    Dᵢᶜ

   Eᵢ              L    Dᵢᵐ U
   |———————————————|————|———|—————————    非対称的モデル
                     ↑
                    Dᵢᶜ
```

E_i:納期見積り実施時刻, D_i^m:メーカー理想納期,
L:ばらつきの下限, U:ばらつきの上限, D_i^c:顧客要求納期

図 4.1 顧客要求納期のモデル
図のようにメーカー理想納期 D_i^m に関連させて顧客要求納期 D_i^c を表すことができる.

$-\alpha^L$ は上限パラメーター α^U よりも大きな値をとることであろう．なぜならば，顧客は短納期を望む傾向が強いからである。これを非対称的モデル，式 (4.3) を対称的モデルと呼ぶ．図 4.1 にランダム度係数の小さい対称的モデル，ランダム度係数の大きい対称的モデル，非対称的モデルのそれぞれの例を示す．

　受注生産の状況下において顧客と製造業者が共有する情報としてメーカー理想納期を取り上げる場合，情報の価値は何を尺度にして求めればよいのだろうか．SCM の理論研究では，サプライチェーン全体のパフォーマンスの尺度として利益や費用などが用いられる．売上げ，品切れ量，在庫量，発注回数などそれぞれのパートナーが情報共有を通して体験するパフォーマンスの変化は異なった尺度で測定されるため，総合的な評価尺度として金銭的ものが欠かせない．受注生産では納期遅れは重要な尺度であるが，サプライチェーン全体のパフォーマンスの尺度としてはそれを回避するために費す残業費や外注費の方が一般性があると思われる．そのために，中短期的スケジュールを日々の生産スケジュールに変換し，それに基づいてサプライチェーンのパフォーマンスを計量化することについて考えよう．

4.3 ◯ 計画レベルのスケジューリングとショップスケジューリング

通常，スケジューリングという用語は製造現場におけるスケジューリングを指すことが多い．いままで述べてきた納期見積りを行うために作成するスケジュールは中短期的なものであり，これを本章では計画レベルのスケジューリングと呼ぶ．一方，製造現場での作業の実施に関するスケジューリングをショップスケジューリングと呼んで両者を区別する．ショップスケジュールは多くの場合に 1 日分あるいは 2 日分のスケジュールであり，最も新しい計画レベルスケジュールの先頭部分に基づいて作成される．計画レベルのスケジュールとの大きな違いは，シフト当たりの稼働時間を定め，その時間帯で終了できない作業のために残業を計画できるという点である．したがって，ショップスケジューリングのモデルについては，残業時間の限度，残業を実施するかどうかの規則を定めておく必要がある．

図 4.2 に，計画レベルのスケジューリングとショップスケジューリングの関係が示されている．上から下ろされてきた計画レベルのスケジュールとショップスケジュールの内容は同じものになるとは限らないから，両者間の調整が必要になる．それを調整スケジューリングと呼んでいる．つまり，製造現場での作業の進捗状況を反映して計画レベルスケジュールの先頭部分を修正し，それに基づいて計画レベルのスケジュールは更新されて新しい顧客オーダーの到着に備える．この調整スケジューリングは 1 日の稼働終了時に実施する．

次に，納期遅れをどのように定義するかについて述べる必要がある．まず，計画レベルスケジュールの時間軸は連続的であり，見積られた納期は時間軸の 1 時点に対応する．もし顧客オーダーの完了時刻がその納期より大きければ，計画上の納期遅れが発生したと見なされる．現実には，それに包装などの出荷のための準備時間と顧客への配送時間を加算したものになるが，モデルにおいては加工あるいは組立の終了時刻と納期との大小関係のみが問題になる．通常，加工あるいは組立の後で検査が行われるが，検査を一つの作業として追加してもモデルの構造が本質的に変わることはない．

ショップスケジュールの場合の納期と納期遅れの定義は，計画レベルのスケジュールのそれとは少々異なったものになる．ショップスケジューリングには日と

4. 顧客要求納期とメーカー理想納期

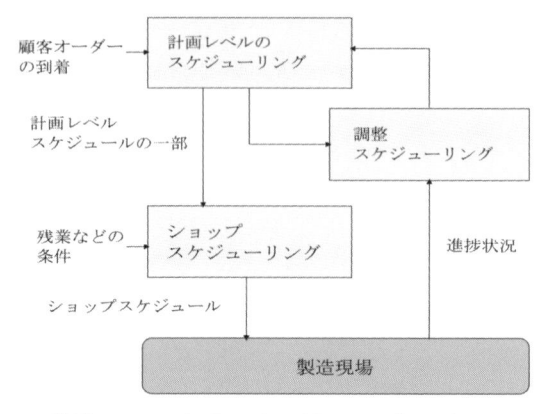

図 4.2 計画レベルのスケジューリングとショップスケジューリング

いう概念を直接扱う必要があるので，時間軸が連続的であるという表現は適当ではない．1 日を一区切りとして考える必要があるから断続的という表現が適当であろう．そのうえ，残業が行われる場合は 1 日の稼働時間が変化する．しかもその稼働時間は機械やワークステーション（たとえば，組立作業が行われる部署）によっても異なる．したがって，計画レベルスケジューリングの納期は日単位・部署単位の納期に変換される．つまり，計画レベルスケジューリングの納期が対応する日の部署別の残業時間を含む稼働期間の終了時刻をもってショップスケジューリングの納期とする．

ある顧客オーダーの納期に該当する日の稼働期間の終了時刻になってもそのオーダーの作業が終わっていなければ，その顧客オーダーについては納期遅れが発生したと考える．2 日間を対象としたスケジューリングを毎日行っている場合，前日のショップスケジューングにおいてそれが予測され，そのオーダーを優先的に処理し，定められた残業規則に基づいて残業を実施したうえでの結果であるのが普通である．図 4.3 には，納期遅れが生じた顧客オーダーの予定された工程と納期後に実施する必要のある作業の所要時間が示されている．これらの作業は出荷予定時刻までに完了する必要があるので，1 シフトの場合は夜間操業を行ってすべての作業を終えたり，あるいは前日に外注先に発注したりするなどの手段が講じられて出荷には間に合わされる．

大事なことは，これらの作業は予定された正規のものに比べてより高額の経費

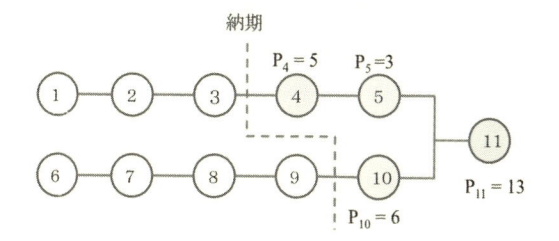

納期後に行わねばならない作業時間
$= p_4 + p_5 + p_{10} + p_{11}$
$= 5 + 3 + 6 + 13$
$= 27$

図 4.3 納期後に実施する必要がある作業時間

を要するという点である．納期遅れが生じたすべての顧客オーダーの納期後の実施必要作業時間を累計し，それに総残業時間を加えて正規稼働時間外作業時間の総和を求め，それらの作業の実施に伴って発生する費用を算定する．このようにして求められた経費は，無理な納期を要求した顧客とそれを受け入れた製造業者が行った不合理な意思決定の結果生じたものと見なされる．この経費は製造費用を増大し，顧客が製造業者に支払う発注製品の価格を構成する一部になる．さらにサプライチェーンの下流のプレイヤーや最終消費者にその経費の負担が分配されるため，この経費はここで対象としている受注生産状況下のサプライチェーン全体のパフォーマンスを測定する尺度と考える．

次節において，顧客要求納期に基づいて生産を行う場合とメーカー理想納期に基づいて生産を行う場合のそれぞれの経費を算定する方法について述べる．求められた前者の経費が後者のそれより大きければ，その差額は顧客と製造業者がメーカー理想納期を共有することによって排除できる費用と考えられるため，これをサプライチェーン追加費用と呼ぶ．これが前述したところの共有される情報の価値に相当する．

4.4 ◯ 数 値 実 験

4.4.1 ● 数値実験の計画

この情報の価値を求めるには，それぞれが特定の仕様内容を持つ顧客オーダー

の到着時刻の時系列を準備する必要がある．次に，2章で述べた納期見積り/生産スケジューリング法を用いて，各顧客オーダーの納期を見積るとともに計画レベルの生産スケジュールを更新する．さらに，計画レベル生産スケジュールの先頭部分に基づいてショップスケジュールを作成する．計画レベルのスケジューリングの結果から平均リードタイムと納期遅れ件数を，ショップスケジューリングの結果から納期遅れ件数，残業時間の総計，納期後に必要とされる作業時間の総計を集計する．

この数値実験に対して，顧客要求納期を持つ顧客オーダーを対象にして同様の処理を行って，各評価尺度の値を求める．最初に行うことは顧客要求納期の決定である．すでに到着する各顧客オーダーのメーカー理想納期は求められているから，4.2節に述べた方法を用いて各オーダーの顧客要求納期を定める．この納期は乱数の影響を受けるから，乱数列を取り替えて各オーダーの納期が異なる数値実験を繰り返す．一つの数値実験ではそれぞれの顧客オーダーの納期が変化することはない．

顧客要求納期を持つ顧客オーダーのための計画レベルのスケジューリングは，納期見積りアルゴリズムのSTEP1で使用したものと同じものが用いられる．つまり，各納期を基準にしてバックワード・シミュレーションを利用してスケジュールを作成し，機械やワークステーションでオーダーを処理する優先順位を決定する．次に，その優先順位と最小作業時間優先規則からなる複合規則を用いてフォワード・シミュレーションを実行し，計画レベルのスケジュールを作成する．メーカー理想納期の場合と違って，そのスケジュールがそのまま計画レベルのスケジュールになる．次に，メーカー理想納期の場合と同様の方法を用いてショップスケジューリングを実施して，ショップスケジュールが求められる．

メーカー理想納期の場合と同様に，計画レベルのスケジュールから平均リードタイムと納期遅れ件数を，ショップスケジュールから納期遅れ件数，残業時間の総計，納期後に必要とされる作業時間の累計を求め，最後にメーカー理想納期と顧客要求納期のそれぞれの場合における正規稼働時間外作業の費用を求め，両者の差額であるサプライチェーン追加費用を算定する．

表4.1に本章で行う数値実験の規模とパラメーターを示す．いずれの製品の工程図も図4.3に描いたものと変わらないが，各工程の作業時間は製品によって異なり，個別生産の状況を表すものとなっている．作業時間は納期見積りに先立っ

4.4 数値実験

表 4.1 問題の規模とパラメーター

到着が予定されている顧客オーダー数	100 件
職場に到着済みの顧客オーダー数	7 件
作業ステーション数	6 ステーション
加工ステーション数	5 ステーション
組立ステーション数	1 ステーション
顧客オーダー当たりの工程数	11 工程
処理時間（単位時間で表示*）	
加工時間	[1, 9]** 単位時間
組立時間	[2, 18]** 単位時間
平均稼働率	80%
ジョブショップ率***	0, 50, 100%
正味所要時間に対する納期バッファ比****	0, 10, 20, 30, 40%
顧客要求納期ランダム度係数	0, 10, 20, 30, 40, 50%
乱数の種*****	10 通り
シフト当たりの稼働時間	80 単位時間
シフト当たりの最大残業時間	20 単位時間

*1 単位時間 = 0.1 時間
** [a, b] = 下限 a，上限 b の整数値から無作為に抽出した値
*** ジョブショップ率 =
　（1 − 特定の加工経路を持つ顧客オーダー数／顧客オーダーの総数）×100%
**** 納期バッファ比 =
　（納期バッファの初期値／顧客オーダーの正味総所要時間）×100%
***** 乱数系列を決定する数値（パラメーター）

て決定され，作業の実施時に変化することはない．平均稼働率は過不足のない負荷であるように本数値実験でも80%になるように設定している．しかし，繰り返して行うそれぞれの数値実験では当然80%を超えたり，それ以下になったりすることが生じる．ジョブショップ率は0，50，100%の3通りを取り上げており，0%は製品間で製品の加工経路が等しいフローショップを，50%は半数の製品については加工経路が等しいが残りの半数は互いに異なる典型的なジョブショップを，100%はすべての製品の加工経路が異なる仮想的なジョブショップを表している．正味所要時間に対する納期バッファ比は0，10，…，40%の5通りを取り上げており，メーカー理想納期を用いる数値実験においてパラメーターとして用いる．顧客要求ランダム度係数は0，10，…，50%の6通りを取り上げ，顧客要求納期を用いる数値実験においてパラメーターとして用いる．なお，本数値実験では顧客要求納期のばらつきはメーカー理想納期の両側において均等にばらつく対称的モデルを使用する（式(4.3)参照）．

数値実験結果への乱数の影響を避けるために，乱数系列は10通り用いている．メーカー理想納期を用いる数値実験は，乱数系列の数×納期バッファ比の数＝10×5＝50回繰り返して行い，顧客要求納期を用いる数値実験は，乱数系列の数×顧客要求ランダム度係数の数＝10×6＝60回繰り返して行う．

4.4.2 ● 数値実験の結果

表4.2にジョブショップ率0%の場合の，表4.3にジョブショップ率50%の場合の数値実験結果がまとめてある．いずれの表も左側に6通りの評価尺度が示され，右側にメーカー理想納期に基づいて生産を行う場合と顧客要求納期に基づいて生産を行う場合のそれぞれの計算結果が左と右に分けて記されている．納期バッファ比は数値実験を行った5通りの結果の内，0，20，40%の3通り取り上げて，顧客要求納期ランダム度係数は6通りの結果の内，0，30，50%の3通りを取り上げて示している．以下，メーカー理想納期と顧客要求納期の二つの場合の結果を評価尺度別に比べてみよう．

(1) 計画レベルスケジューリングの平均リードタイム： まず，フローショップの場合にはほとんど差が見当たらない．典型的なジョブショップの場合には，メーカー理想納期の場合に顧客要求納期の場合よりいくぶん長くなっている．ただし，納期バッファ比が大きくなるほど平均リードタイムは短縮され，両者の差が小さくなるという傾向が見られる．

(2) 計画レベルスケジューリングの納期遅れ件数： フローショップ，典型的なジョブショップともに，メーカー理想納期の場合には納期遅れは生じない．顧客要求納期の場合はフローショップの方が典型的なジョブショップよりも多くの件数の納期遅れが発生している．これは，フローショップよりも典型的なジョブショップの方が融通性に富んでいて，納期の不適切さがもたらす負荷変動の影響を吸収しやすいために生じた結果であると考えられる．

(3) ショップスケジューリングの納期遅れ件数： これについては，フローショップと典型的なジョブショップの双方において同様の傾向が読み取れる．計画レベルスケジューリングの納期遅れが生じている顧客要求納期の場合は当然として，納期遅れが皆無であったメーカー理想納期の場合においても納期遅れが生じている．しかし，その件数に関しては差があり，予想された通りに顧客要求納期の場合により多くの納期遅れが生じ，顧客要求納期のランダ

表4.2 フローショップの場合の数値実験結果（ジョブショップ率：0%）

		メーカー理想納期 納期バッファ比			顧客要求納期 ランダム度係数		
		0%	20%	40%	0%	30%	50%
計画レベル スケジューリング	平均リードタイム	106.41	106.13	105.58	105.07	105.59	104.48
	納期遅れ件数	0.00	0.00	0.00	45.86	48.64	47.43
ショップ スケジューリング	納期遅れ件数	1.93	1.01	1.07	7.07	23.07	30.93
	総残業時間	652.71	650.21	646.36	682.79	695.43	690.36
	納期後実施必要 作業時間の累計	10.32	9.21	8.64	37.74	258.43	564.07
	サプライチェーン 追加費用	-	-	-	39.50	210.00	499.93

表4.3 典型的ジョブショップの場合の数値実験結果（ジョブショップ率：50%）

		メーカー理想納期 納期バッファ比			顧客要求納期 ランダム度係数		
		0%	20%	40%	0%	30%	50%
計画レベル スケジューリング	平均リードタイム	126.65	113.64	109.39	107.39	106.50	108.29
	納期遅れ件数	0.00	0.00	0.00	21.14	21.36	28.21
ショップ スケジューリング	納期遅れ件数	4.29	3.63	2.57	5.43	13.21	23.21
	総残業時間	663.86	668.36	646.36	711.57	703.50	672.43
	納期後実施必要 作業時間の累計	38.86	33.50	17.93	45.86	148.71	421.14
	サプライチェーン 追加費用	-	-	-	56.36	118.86	301.07

ム度係数の増大とともに発生件数が急増していることが認められる．

(4) ショップスケジューリングの総残業時間と納期後実施必要作業時間の累計：表に示されているこれらの数値は，(3) で述べた結果がどのような過程を経て生じたかを説明している．フローショップ，ジョブショップ，メーカー理想納期，顧客要求納期の区別にかかわらず，いずれの総残業時間も似通った値を示していることから，ほぼ最大許容時間の近くまで残業が実施されたことが分かる．それにもかかわらず，作業を納期までに終了できなかったために生じる納期後実施必要作業時間の累計は様々の値を示し，それぞれの場合の状況をよく表している．まず，メーカー理想納期の場合に顧客要求納期の場合に比べて，フローショップ，ジョブショップともに少ない時間で済んでおり，一定の期間内に所定の作業をほぼ終えている．一方，顧客要求納期の場合にはランダム度係数の増大につれてそれが急増するという結果が示され

表4.4 サプライチェーン追加費用（フローショップの場合）

納期バッファ比	顧客要求納期ランダム度係数					
	0%	10%	20%	30%	40%	50%
0%	39.50	38.07	85.57	210.00	361.50	499.93
10%	23.50	29.86	51.93	154.21	272.79	444.71
20%	20.86	28.21	65.86	147.00	227.29	390.64
30%	21.64	31.00	61.93	101.71	200.57	359.71
40%	30.71	24.79	52.57	97.14	199.14	352.14

表4.5 サプライチェーン追加費用（典型的なジョブショップの場合）

納期バッファ比	顧客要求納期ランダム度係数					
	0%	10%	20%	30%	40%	50%
0%	56.36	25.00	42.71	118.86	174.36	301.07
10%	62.57	56.79	53.93	100.57	184.79	346.50
20%	14.64	56.14	36.79	82.36	202.07	359.50
30%	6.50	35.21	53.71	91.36	216.14	316.29
40%	2.57	6.43	64.57	93.29	231.86	347.71

ている．さきほど総残業時間が似通った値を示していると述べたけれども，より正確に述べると，メーカー理想納期の場合の総残業時間は顧客要求納期の場合のそれより6～7%程度小さい値になっており，残業も顧客要求納期の場合に比べて余裕を持って実施していることが分かる．

(5) サプライチェーン追加費用： 顧客要求納期とメーカー理想納期について残業と納期後実施必要作業の費用の総計を求め，その値が大きい前者から後者を差し引いたものである．そのために，メーカー理想納期のサプライチェーン追加費用の欄には－が記入されている．サプライチェーン追加費用は具体的な金額で示しても意味がないので，前述した時間に費用係数1/単位時間を掛け合わせて費用に変換している．表4.4, 4.5は顧客要求納期ランダム度係数0, 10, 20, 30, 40, 50%の各場合と，バッファ比0, 10, 20, 30, 40%の各場合のすべての組合せについてサプライチェーン追加費用を求め示している．表4.2と表4.3には，顧客要求納期ランダム度係数0, 30, 50%の場合について，バッファ比0%の値を基準にして求めた追加費用が示されている．予想される通り，フローショップの場合と典型的なジョブショップの場合ともにランダム度係数の増加につれて追加費用は加速的に増大する傾向を示している．

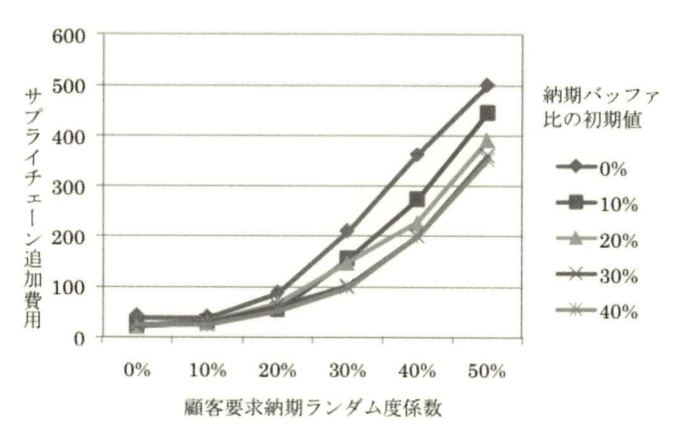

図 4.4 顧客要求納期のランダム性の増大に伴うサプライチェーン追加費用の増加(フローショップの場合)[*2]

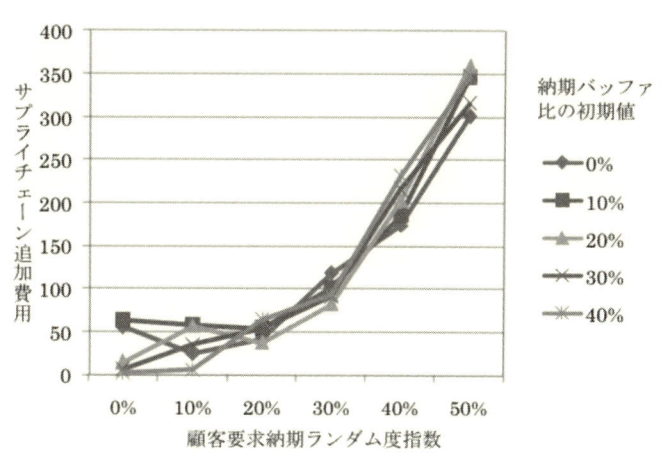

図 4.5 顧客要求納期のランダム性の増大に伴うサプライチェーン追加費用の増加(典型的なジョブショップの場合)

　表 4.4 と表 4.5 で示した値をグラフに表したものが図 4.4, 4.5 である.これらの図からサプライチェーン追加費用の増加に関して共通の特徴が認められる.それは,顧客要求納期ランダム度係数が 20% 前後までは追加費用は

[*2] 納期バッファ比の初期値が 40% の曲線は 30% のものにほぼ重なっている.

ごく僅かしか生じないが，25％を超えると急激に増加するというものである．一方，これらの図の間には二つの相違点が認められる．一つは，フローショップの方が顧客要求納期のランダム性に対してはるかに敏感であるという点であり，これは負荷が変動する状況下では本来備えているフローショップの効率性が著しく損なわれること，ならびに典型的なジョブショップではランダム性，つまり負荷の変動に対する耐性があってその影響が吸収されることを意味している．もう一つは，納期バッファの働き方がフローショップと典型的なジョブショップの間で異なるという点である．2章ですでに述べた通り納期が適正に設定されている場合に，納期バッファはフローショップにおいてその効果がほとんど認められなかった．ところが，図4.4に示されたように，フローショップの場合には納期バッファの増加によって追加費用の増大が抑制できることを示している．つまり，スケジューリングの融通性が高められ，その結果として負荷の変動が吸収され，本来フローショップが持っている効率性をバッファの助けによってある程度維持できることが示された．

以上の結果から，メーカー理想納期は顧客と製造業者にとって共有に値する価値を持つ情報であることが裏付けられたといえよう．つまり，情報共有を通して無駄な費用の支出を回避できるとともに，作業者に掛ける過剰な負担を軽減できる可能性のあることが示された．それでは，この情報共有はどうすれば実現できるのだろうか．

4.5 情報共有の方法

4.5.1 視覚化による協調の実現

メーカー理想納期は，顧客にとって納期決定のガイドラインになるものである点については疑いの余地はない．しかし，顧客がそれを共有に値する情報として考えるようにするにはどうすればよいのだろうか．やはり，製造業者がメーカー理想納期とはどのようにして求められるものであるかについて説明することが大事であり，そのためには，顧客が自分の目で見てそれが理解できる環境を作ることが欠かせないだろう．

そのための環境が準備できたならば，まず最初に要求納期を除く顧客オーダーのすべてのデータを整え，納期見積り/生産スケジューリング法を用いて顧客の

目前でそのオーダーの理想納期を求める．次に，メーカー理想納期よりも顧客が求める納期が早いものであれば，それを指定納期として納期見積りアルゴリズムの STEP1 を用いて計画レベルのスケジュールを作成する．その結果，いずれかの既存オーダーの納期遅れが生じるならば，どの既存オーダーがどれだけ遅れるかについて具体的に示す．さらに，顧客が求める納期をメーカー理想納期に近付けたものを顧客の納期として定めて，再び計画レベルのスケジュールを作成する．やはり，既存オーダーの納期遅れが生じるならば，納期遅れの状況を具体的に示して最初に要求した納期に比べてどれだけ状況が改善されたかについて確認を求める．最後に，メーカー理想納期を指定納期として計画レベルのスケジュールを作成して，既存オーダーの納期遅れが生じないことを示す．データさえ用意されているならば，顧客の目前で PC を用いてこのようなシミュレーションを実施することは容易である．

どの顧客も製造業者に協力的な対応をするとは限らないけれども，このようにしてメーカー理想納期とは何であるかをそれぞれの顧客に説明する内に，必ず要求納期を修正する顧客が現れるであろう．協力する顧客が増えてくれば，前節に示した数値実験結果から明らかなように納期遅れの回避が容易になり，一層顧客の協力が得やすい環境が整い，情報共有といってもよい状況の実現はそれほど先のことではなくなると思われる．

4.5.2 ● トレードオフ曲線に基づく納期と価格の設定

日本と違って，合理主義が社会の根底にあるような国や地域では，より直接的な方法が情報共有を実現をするうえで有効であるかもしれない．ムーディは納期と価格のトレードオフ曲線の存在を前提にした交渉を通して納期とそれに応じた価格を決定する過程のモデル化を試みている[36]．トレードオフ曲線とは納期と価格の関係を示すもので，顧客の要望は最大トレードドオフ曲線によって，製造業者の要望は最小トレードオフ曲線によって示されるものとする（図 4.6）．顧客は最大トレードドオフ曲線の左下の領域にある納期と価格のセットを望み，製造業者は最大トレードドオフ曲線の右上の領域にある納期と価格のセットを望むものとする．製造業者は顧客の引合いに応じて最小トレードオフ曲線を提出し，顧客が受け入れる場合，つまり，顧客が望んでいる最大トレードオフ曲線とその曲線の間に合意可能な領域があるならば，取引が成立する．

このトレードオフ曲線はいままさにわれわれが手中に収めようとしているものである．たとえば，表4.6に示すようなメーカー理想納期からの隔たりと追加金の関係を示したリストを考えてみよう．この場合に，顧客にリストに示された数字の根拠を示すことができなければやはりただの概念で終わってしまう．幸い，その心配はなさそうである．4.5.1で述べた視覚化による協調の実現で用いた論理が利用できるように思われる．本章の数値実験では，計画レベルの納期遅れがショップスケジューリングを通して具体的な費用に変換できることを示した．しかし，その実験ではある期間に到着する一連の顧客オーダーに関する結果が取り上げられ，個別の顧客オーダーに関するものではなかった．個々の顧客オーダーに関する結果を取り上げるには，必然的に計画レベルのスケジュールにおいて発生する納期遅れと費用を関係付ける必要がある．4.5.1で述べたように，顧客要求納期をパラメーターとしてその顧客のメーカー理想納期に近付くように変化させると，その新規到着オーダーによって生じる既存オーダーの納期遅れの総時間は減少していく．その値を根拠にして追加金の係数とすればよいと考える．追加金の単位額は製品がどのようなものであるかによって大きく異なるから，トレードオフ曲線を納期決定に利用しようとする企業が長期的な観点に立って追加金の

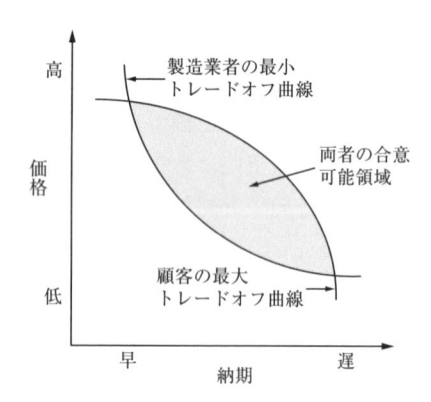

図4.6 納期と価格に関する最大・最小トレードオフ曲線

表4.6 メーカー理想納期からの隔たりと追加金のリスト

メーカー理想納期からの隔たり（日）	-4	-3	-2	-1	0	$+1$
追加金の係数*	7	3	1	0	0	0

*たとえば，追加金の単位が10万円とすると，係数が3であれば追加金は30万円になる．

単位額を決める必要がある．納期と追加金の関係を示すトレードオフ曲線の利用は，サプライチェーンのグローバル化が進んでいる今日，その利用の意義は高まっているように思われる．この方策を顧客が受け入れるようになるならば，顧客と製造業者が互いに対等なパートナーとして情報共有に基づく連携を実現したことになる．

4.6 ◯ ま と め

2章と3章でその有効性が明らかになった納期見積り/生産スケジューリング法を用いて顧客と製造業者の情報共有を実現する方法論を示した．この方法論は顧客と製造業者をより適切な納期の決定へ導くものであり，その結果，リードタイムの短縮と納期遅れの回避によって不要な残業・夜間操業・休日出勤などが除かれ，生産費用の削減・作業者の負荷の軽減がもたらされる[*3]．

共有が望まれる情報は客観性・合理性を持っている理想的と見なされるそれぞれの顧客オーダーに応じた納期であり，その納期の経済的優越性が実証されている．顧客による情報共有の意義の理解に役立つ具体的な方法が与えられており，漸進的により多くの顧客の協力を得る期待が抱けるものである．グローバル化の進むサプライチェーンと生産の環境下でこの方法論は普遍性を持ったものであり，将来は地球上の広域にわたった利用が期待できる．

● Q&A (3)

Q 現実のデータを用いて，2通りの納期のもとで数値実験を行いたいと思いますが，何か注意しなければならないことがあれば教えて下さい．

A やはり，稼働率が高く（80%前後に）なるように計画を立てることが大切です．そうでないと，顧客要求納期とメーカー理想納期の違いがはっきり現れないと思います．そのためには，顧客到着オーダーの平均到着間隔

[*3] 表4.2，4.3の計画レベルスケジューリングに関する限り，メーカー理想納期と顧客要求納期の二つの場合を比べると平均リードタイムに大きな違いはない．しかし，ショップスケジューリングの納期後実施必要作業時間の累計については，両者間の相違は大きい．つまり，メーカー理想納期を用いる場合，実際にはリードタイムが短縮できるといえる．

を最初は長めに設定し，その後徐々に短縮して隘路工程の稼働率が80%前後になれば，それ以降はその到着間隔のもとで実験を行って下さい．

　到着オーダーのデータは代表的なものを数十件用意できれば十分であると思います．その中からランダムに抽出して到着オーダーの時系列を生成し，なるべく現実の顧客の要求を反映するようにその到着オーダーの納期を決めて下さい．乱数列を何通りか取り替えて行い，平均リードタイムや平均納期遅れへの乱数の影響を確認するとよいと思います．

　以上は，顧客要求納期が与えられた場合の数値実験のためのものですが，メーカー理想納期を求める場合には納期以外は到着オーダーの順列（時系列）と到着時刻を含めてすべてについて顧客要求納期のもとでの数値実験と同一のデータを用いるようにして下さい．2通りの納期のもとで行った数値実験の結果を比較する場合には，平均値を用いると分かり易いと思います．なお，メーカー理想納期を求める際に用いる到着オーダーの仮納期は大きめの値を用いている限り，計算結果への影響はありません．

第5章 納期短縮のための製品間における中間製品の共用化

5.1 ◯ モジュール生産

　これまで，顧客オーダーの納期の適正化を通して，納期遅れが避けられるだけでなく，それとともにリードタイムの短縮ができることを示してきた．本章では視点を変え，中間製品の共用化によって納期を短縮する問題について検討しよう．

　中間製品の共用化，つまりモジュール生産に関する学術的論議は1965年に発表されたスターの論文に遡る．1960年代は工業製品の多様化が急速に進展した時代であり，市場の要求に応じるための製品の多様化を効果的に実現する手段としてモジュール生産の重要性がその論文で指摘された[18]．この考え方は産業界に受け入れられ，複数の最終製品に共用できる中間製品の設計とその生産は製造業共通の課題となった．さらに，1990年代に入ると，コンピュータ利用技術の普及，設計・生産の自動化，POS端末の利用に象徴される市場動向に遅れない情報収集能力の獲得を背景にして，マスカスタマイゼーションと呼ばれる経営概念が知られるようになった．チナイアとカマーシイは，顧客が要求するものを，いつでも，どこでも，いかなる量であっても，いかなる方法によっても，採算性を損なうことなく顧客に提供する経営戦略をマスカスタマイゼーションと定義し[23]，受注生産での大きな課題は製品設計段階で行われるモジュール化であると述べている．しかしながら，マスカスタマイゼーションという言葉の普及に比して，モジュール化の具体的な方法や論理について述べた文献を探すのは難しい．たとえば，

・モジュール化はどのような状況下で行うのが好ましいのか．
・モジュール化を進める場合に，その効果を事前に評価する方法があるのか．

- モジュール化のリスクを定量化する方法として何があるか.
- 多くの中間製品あるいはコンポーネントの中から,いかなる条件を備えたものをモジュール化の対象として選ぶべきか.
- 複数製品に共用されるモジュール部品,あるいはモジュール・コンポーネントの在庫管理はどのようにして行うのか.

などの問題を取り上げた論文があってもよいと思うが,実際には見つからない.また,過去におけるモジュール化の実例を学びたくても,この種の問題について報告が行われることはまずないといってよい.極めて例外的なものと思われるが,受注生産を行っている金型部品メーカーを対象にした最終製品と複数の最終製品に利用される中間製品の適正な在庫量を検討した報告がある.この企業では,受注後 24 時間以内の出荷を方針として営業活動を行っており,実際のデータに基づく需要分布のもとで新しく開発した在庫管理の方法による,サービス率 95% の維持を目標にした解析の結果が示されている.製品と中間製品について最適在庫量を求め,実際の適用に先立ってシミュレーションを実行して 15 種のすべての製品について,それぞれのサービス率が 95.3〜97.9% の範囲に入ることを確かめている[15].

この種の問題にはそれぞれ特殊な背景があるため,個々の問題に適したモデルを構築して現実に役立つ知識を得る以外に方法はないのかもしれない.本章では,これまで取り扱ってきた受注生産のもとでの納期見積りと生産スケジューリングの問題を部分的に見込生産が行われる状況に拡張し,中間製品の共有化によってリードタイムを短縮するという新しい問題を取り上げよう[11].

5.2 ◯ モジュール化によるリードタイムの短縮と在庫管理

モジュール生産は製品設計の問題として理解されることが多い.しかし,モジュール生産もサプライチェーン・マネジメントの枠組みの中で論じることが必要である.反復性のある製品を受注に基づいて生産する状況のもとでは,いかに短いリードタイムで顧客の注文に応じられるかが,競争相手の企業を退けて注文を獲得するうえで鍵になってきている.モジュール化は設計変更などの必要から高額の費用を要するため,注文を受けてから出荷するまでのリードタイムの短縮効果を前もって評価し,高額のモジュール化投資に釣り合った効果があるかどうか

について知ることが望ましい．また，モジュール化の結果として在庫を維持するための費用が発生する．したがって，モジュール化を在庫管理も含むサプライチェーン・マネジメントの問題として考えることが大切であり，それには次の課題を避けて通ることはできない．

(1) 受注生産でありながら，部分的に見込生産を行う生産システムの仕組みをどうするか．
(2) 複数の製品に共用される中間製品の在庫量をいかにして適正に保持するか．
(3) モジュール化はどの程度行うのが適切か．

これらは，一つの問題の異なった切り口に他ならず，それぞれを関連させながら考える必要がある．また，定量的な評価をするためには，いままでと同様にモデルの使用が欠かせない．

5.2.1 ● ハイブリッドシステムの利用

これまで扱ってきた納期見積りと生産スケジューリングを扱うモデルは個別生産を行っている受注生産状況を対象として作られたものである．したがって，新規の顧客オーダーの到着や既存オーダーの注文内容の変更をトリガーとして作動して処理を行っていたため，将来のオーダーに備えて一部の部品や半製品の需要を見込んで生産するというういわば見込生産の機能は備えていなかった．しかし，複数の製品に共用される中間製品を取り扱うことになると，中間製品の在庫の有無がそれを利用する製品のリードタイムに影響するため，将来の中間製品の需要を見込んでその在庫を保有することが重要である．だが，生産設備の能力は限られているから，本来の受注に応じて部品や半製品を作るという能力が損なわれるような生産設備の使い方をすることは許されない．そこで，本来の受注生産の機能を維持しながら，生産設備の余力を利用して中間製品の見込生産を行うという補助的な機能を備えたシステムの構築を考えることにしよう．

共用する中間製品の在庫を保持するために必要な生産指示を行う機能をこのシステムに加え，これをハイブリッドシステムと呼ぶことにする（図5.1）．

ここで，共用される中間製品を"標準品"と呼び，そうでない中間製品を"非標準品"と呼ぶことにする．当然のことながら，モジュール化の程度が進むと標準品の生産が増加し，非標準品の生産が減少する．このハイブリッドシステムでは，顧客オーダーが到着するとそのBOMに基づいて展開が行われ，標準品が必

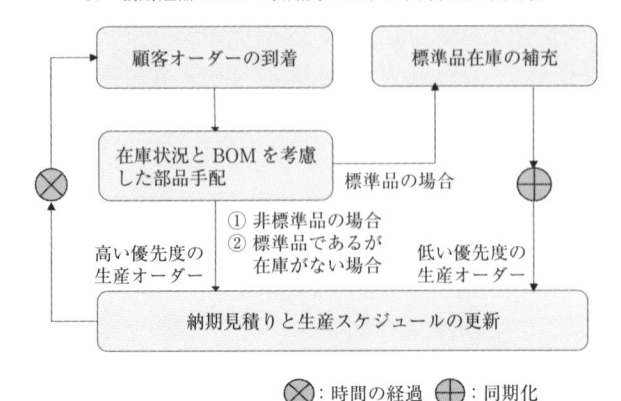

図5.1 受注生産でありながら部分的に見込生産を行うハイブリッドシステム

要ならばその在庫状況を考慮して手配を行う（図5.1）．顧客オーダーに示された製品が非標準品を使用する場合には，必要な非標準品のすべてについて生産指示を行う．標準品を使用し，在庫がある場合は引当てを行う．手持ち在庫だけでなく生産中のものも在庫と同様に引当ての対象にする．在庫がない場合には非標準品と同様に標準品の生産指示を行う．標準品の在庫は定期的にチェックされ，必要であれば補充を目的とした生産指示が行われるが，顧客オーダーのBOMに基づいた展開の結果として出される生産指示よりも低い優先度が設定される．つまり，同じ標準品であっても引当て済みの資材は優先して生産が行われる．

顧客オーダーの到着が現実に近い状況を反映するように，各期の，たとえば毎日の，到着件数は自己相関を持って変動する場合を想定する[35]．つまり，到着件数が何らかの分布に従って単に変動するのでなく，平均値よりも多い件数のオーダーの到着が続く時期と，逆に少ない件数のオーダーの到着が続く時期が入り交じって現れる．前期中に到着した顧客オーダーの納期見積りは，次期の期首においてまとめて実施され，非標準品と標準品の生産指示，そして組立指示が製造現場に出される．

5.2.2 ● 共用される中間製品，つまり標準品の在庫管理

いま述べた通り，標準品も非標準品も製造現場に生産指示が出される．その一方，在庫水準を維持するための標準品の生産指示は優先度を下げて製造現場に出

朝倉書店〈経営・数理・経済工学関連書〉ご案内

金融工学ハンドブック
木島正明監訳
A5判 1032頁 定価29400円（本体28000円）（29010-3）

各テーマにおける世界的第一線の研究者が専門家向けに書き下ろしたハンドブック。デリバティブ証券、金利と信用リスクとデリバティブ、非完備市場、リスク管理、ポートフォリオ最適化、の4部構成から成る。〔内容〕金融資産価格付けの基礎／金融証券収益率のモデル化／ボラティリティ／デリバティブの価格付けにおける変分法／クレジットデリバティブの評価／非完備市場／オプション価格付け／モンテカルロシミュレーションを用いた全リスク最小化／保険分野への適用／他

サプライチェーンハンドブック
黒田 充・大野勝久監訳
A5判 736頁 定価25200円（本体24000円）（27013-6）

〔内容〕序章／設計と計画—戦略的モデルと戦術的モデルに対する最適化技法の応用／設計：安全在庫配置とサプライチェーン構成／設計：柔軟な考察／延期の設計／契約によるサプライチェーンの調整／情報共有とサプライチェーンの協調／サプライチェーンマネジメントにおける戦術的計画モデル／計画階層性、モデリングおよび先進的計画システム／運用：直列および分配在庫システム／運用：受注組立生産システム／運用計画：計画概念の定義と比較／輸送運用のダイナミックモデル

統計ライブラリー 共分散構造分析［実践編］—構造方程式モデリング—
豊田秀樹編著
A5判 304頁 定価4725円（本体4500円）（12699-0）

実践編では、実際に共分散構造分析を用いたデータ解析に携わる読者に向けて、最新・有用・実行可能な実践的技術を全21章で紹介する。プログラム付。〔内容〕マルチレベルモデル／アイテムパーセリング／探索的SEM／メタ分析／他

サプライチェーンマネジメント入門—QCDE戦略と手法—
曹 徳弼・中島健一・竹田 賢・田中正敏著
A5判 208頁 定価2940円（本体2800円）（27016-7）

サプライチェーンマネジメント（SCM）を体系的にまとめ、ケーススタディを豊富に収録したテキスト。〔内容〕SCM／最適化モデル／ポストポーメント戦略／需要予測／調達マネジメント／CSR／循環型社会／環境マネジメント他

シリーズ〈オペレーションズ・リサーチ〉1 戦略的意思決定手法AHP
木下栄蔵・大屋隆生著
A5判 144頁 定価2835円（本体2700円）（27551-3）

様々な場面で下される階層下意思決定について、例題を中心にやさしくまとめた教科書。〔内容〕パラダイムとしてのAHP／外部従属法／新しいAHPの動向／支配型AHPと一斉法／集団AHP／AHPにおける一対比較行列の解釈

シリーズ〈オペレーションズ・リサーチ〉2 データマイニングとその応用
加藤直樹・羽室行信・矢田勝俊著
A5判 208頁 定価3675円（本体3500円）（27552-0）

データベースからの知識発見手法を文科系の学生も理解できるよう数式を最小限にとどめた形で適用事例まで含め平易にまとめた教科書。〔内容〕相関ルール／数値相関ルール／分類モデル／決定木／数値予測モデル／クラスタリング／応用事例／他

シリーズ〈オペレーションズ・リサーチ〉3 離散凸解析とゲーム理論
田村明久著
A5判 192頁 定価3570円（本体3400円）（27553-7）

離散凸解析を用いて、安定結婚モデルや割当モデルを一般化した解法につき紹介した教科書。〔内容〕離散凸解析概論／組合せオークション／割当モデルとその拡張／安定結婚モデルとその拡張／割当モデルと安定結婚モデルの統一モデル／他

シリーズ〈オペレーションズ・リサーチ〉4 Excelによる生産管理—需要予測,在庫管理からJITまで—
大野勝久著
A5判 208頁 定価3360円（本体3200円）（27554-4）

実務家・文科系学生向けに生産・在庫管理問題をExcelの強力な機能を活用して解決する手順を明示〔内容〕在庫管理と生産管理／Excel概論とABC分布／確実環境下の在庫管理／生産計画／輸送問題とスケジューリング／需要予測MRP／他

シリーズ〈ビジネスの数理〉
筑波大学ビジネス科学研究科監修。ビジネスの羅針盤となる数理的方法を探求

1. ビジネス数理への誘い
筑波大学ビジネス科学研究科編
A5判 160頁 定価3045円（本体2900円）（29561-0）

ビジネスのための数理的方法を俯瞰する入門編。〔内容〕ビジネス科学・技術／数理的方法の機能／モデルアプローチ／マネジメントプロセスモデル／モデルアプローチの成功と失敗／ビジネス現象のモデル化／デザイン技術としての数理的方法他

2. チャンスとリスクのマネジメント
大澤幸生・徐 駐・山田雄二編著
A5判 216頁 定価3675円（本体3500円）（29562-7）

人はなぜダイスを振るのか―ビジネスの現場で表裏一体となるチャンスとリスクの利用・管理技術の全貌を提示。〔内容〕チャンスマネジメントのプロセス／チャンス発見のためのデータ可視化技術／リスクマネジメント／リスク特定の方法／他

3. ビジネスへの確率モデルアプローチ
牧本直樹著
A5判 176頁 定価3150円（本体3000円）（29563-4）

確率モデルを用いて多様なビジネス現象の分析技術からシミュレーションまで解説。演習問題付。〔内容〕確率計算の基礎／離散的分布／連続的分布／多変量分布／データと分布／モーメント公式／確率モデル分析技術／シミュレーション分析／他

4. ビジネスへの統計モデルアプローチ
椿 広計著
A5判 144頁 定価3150円（本体3000円）（29564-1）

複雑かつ大規模なビジネス現象の分析に必要な統計モデルの構築の手法を解説。〔内容〕データとプロファイリング／統計モデルの要素／統計モデルのプランニング／統計的構造モデリング／一般化線形モデル（GLIM）／測定モデルのデザイン／他

5. 金融・会計のビジネス数理
牧本直樹編著
A5判 184頁 定価3045円（本体2900円）（29565-8）

金融・会計分野での数理分析の具体的手法を詳述。各章末に文献案内《お薦めの3冊》を付した。〔内容〕年金資産運用管理と意思決定／事業計画策定における「予測市場」の活用／市場の効率性と投資家行動／個人向け10年変動利付き国債／他

6. 計算で学ぶファイナンス ―MATLABによる実装―
山田雄二・牧本直樹著
A5判 180頁 定価3150円（本体3000円）（29566-5）

数値計算ソフトウェアを利用しながらファイナンス理論の理解とその実装のノウハウ習得を目指す〔内容〕二項モデルでのオプション価格付け／連続時間モデルとブラック=ショールズ方程式／アメリカンオプション／リアルオプション解析／他

7. マーケティング・経営戦略の数理
西尾チヅル・桑嶋健一・猿渡康文編著
A5判 216頁 定価3780円（本体3600円）（29567-2）

マーケティングマネジメント，マーケティングサイエンス，経営組織・戦略，技術経営（MOT）の4部に分けて多様な応用事例を解説。〔内容〕消費者のエコロジー行動の構造／スイッチング・コストと顧客の離脱行動／地方銀行の効率性測定／他

シリーズ〈金融工学の新潮流〉1 資産の価格付けと測度変換
木島正明・田中敬一著
A5判 216頁 定価3990円（本体3800円）（29601-3）

金融工学において最も重要な価格付けの理論を測度変換という切口から詳細に解説。〔内容〕価格付け理論の概要／正の確率変数による測度変換／正の確率過程による測度変換／測度変換の価格付けへの応用／基準財と価格付け測度／金利モデル／他

シリーズ〈金融工学の新潮流〉3 信用リスク計測とCDOの価格付け
室町幸雄著
A5判 224頁 定価3990円（本体3800円）（29603-7）

デフォルトの関連性における原因・影響度・波及効果に関するモデルの詳細を整理し解説。〔内容〕デフォルト相関のモデル化／リスク尺度とリスク寄与度／極限損失分布と新BIS規制／ハイブリッド法／信用・市場リスク総合評価モデル／他

シリーズ〈金融工学の新潮流〉4 リアルオプションと投資戦略
木島正明・中岡英隆・芝田隆志著
A5判 192頁 定価3780円（本体3600円）（29604-4）

最新の金融理論を踏まえ，経営戦略や投資の意思決定を行えることを意図し，実務家向けにまとめた入門書。〔内容〕企業経営とリアルオプション／基本モデルの拡張／撤退・停止・再開オプションの評価／ゲーム論的リアルオプション／適用事例

応用ファイナンス講座
金融工学の「応用への進展」と「既存学問との融合」

1. 年金とファイナンス
浅野幸弘・岩本純一・矢野 学著
A5判 228頁 定価3990円（本体3800円）（29586-3）

公的年金の基本的知識から仕組みおよび運用までわかりやすく詳説。〔内容〕わが国の年金制度／企業年金の選択／企業財務と年金資産運用／年金会計／年金財務と企業評価／積立不足と年金ALM／物価連動国債と年金ALM／公的年金運用／他

2. 応用経済学のための時系列分析
市川博也著
A5判 184頁 定価3675円（本体3500円）（29587-0）

時系列分析の基礎からファイナンスのための時系列分析を平易に解説。〔内容〕マクロ経済変数と時系列分析／分布ラグモデルの最適次数の決定／統計学の基礎概念と単位根テスト／定常な時系列変数と長期乗数／ボラティリティ変動モデル／他

3. 資産運用の理論と実践
菅原周一著
A5判 228頁 定価3675円（本体3500円）（29588-7）

資産運用に関する基礎理論から実践まで，実証分析の結果を掲げながら大学生および実務家向けにわかり易く解説。〔内容〕資産運用理論の誕生と発展の歴史／株式運用と基礎理論と実践への応用／債券運用の基礎と実践への応用／最適資産配分戦略

4. 不動産市場の計量経済分析
清水千弘・唐渡広志著
A5判 192頁 定価4095円（本体3900円）（29589-4）

客観的な数量データを用いて経済理論を基にした統計分析の方法をまとめた書。〔内容〕不動産市場の計量分析／ヘドニックアプローチ／推定の基本と応用／空間計量経済学の基礎／住宅価格関数の推定／住宅価格指数の推定／用途別賃料関数の推定

5. オプション市場分析への招待
宮﨑浩一著
A5判 224頁 定価4095円（本体3900円）（29590-0）

重要なモデルを取り上げ，各モデルや数理的な分析手法の勘所をわかりやすく解説。〔内容〕BSモデルと拡張／デタミニスティックボラティリティモデル／ジャンプ拡張モデル／確率ボラティリティモデル／インプライド確率分布の実証分析／他

6. 信用リスク
森平爽一郎著
A5判 224頁 定価3780円（本体3600円）（29591-7）

住宅・銀行等のローンに関するBIS規制に対応し，信用リスクの測定と管理を詳説。〔内容〕債権の評価／実績デフォルト率／デフォルト確率の推定／デフォルト確率の期間構造推定／デフォルト時損失率，回収率／デフォルト相関／損失分布推定

応用最適化シリーズ 1　線形計画法
並木 誠著
A5判 200頁 定価3570円（本体3400円）（11786-8）

工学，経済，金融，経営学など幅広い分野で用いられている線形計画法の入門的教科書。例，アルゴリズムなどを豊富に用いながら実践的に学べるよう工夫された構成。〔内容〕線形計画問題／双対理論／シンプレックス法／内点法／線形相補性問題

応用最適化シリーズ 2　ネットワーク設計問題
片山直登訳
A5判 216頁 定価3780円（本体3600円）（11787-5）

通信・輸送・交通システムなどの効率化を図るための数学的モデル分析の手法を詳説。〔内容〕ネットワーク問題／予算制約をもつ設計問題／固定費用をもつ設計問題／容量制約をもつ最大流問題／容量制約をもつ設計問題／利用者均衡設計問題／他

応用最適化シリーズ 3　応用に役立つ50の最適化問題
藤澤克樹・梅谷俊治著
A5判 184頁 定価3360円（本体3200円）（11788-2）

数理計画・組合せ最適理論が応用分野でどのように使われているかについて，問題を集めて解説した書。〔内容〕線形計画問題／整数計画問題／非線形計画問題／半正定値計画問題／集合被覆問題／勤務スケジューリング問題／切出し・詰込み問題

応用最適化シリーズ 4　ネットワーク最適化とアルゴリズム
繁野麻衣子著
A5判 200頁 定価3570円（本体3400円）（11789-9）

ネットワークを効果的・効率的に活用するための基本的な考え方を，最適化を目指すためのアルゴリズム，定理と証明，多くの例，わかりやすい図を明示しながら解説。〔内容〕基礎理論／最小木問題／最短路問題／最大流問題／最小費用流問題

新版 数理計画入門
福島雅夫著
A5判 216頁 定価3360円（本体3200円）（28004-3）

平明な入門書として好評を博した旧版を増補改訂。数理計画の基本モデルと解法を基礎から解説。豊富な具体例と演習問題（詳しい解答付）が初学者の理解を助ける。〔内容〕数理計画モデル／線形計画／ネットワーク計画／非線形計画／組合せ計画

ジャフィー・ジャーナル：金融工学と市場計量分析
バリュエーション
日本金融・証券計量・工学学会編
A5判 240頁 定価3990円（本体3800円）（29014-1）

〔内容〕資本コスト決定要因と投資戦略への応用／構造モデルによるクレジット・スプレッド／マネジメントの価値創造力とM&Aの評価／銀行の流動性預金残高と満期の推定モデル／不動産価格の統計モデルと実証／教育ローンの信用リスク

需給マネジメント ―ポストERP／SCMに向けて―
松井正之・藤川裕晃・石井信明著
A5判 180頁 定価3045円（本体2900円）（27017-4）

どのように需給管理をすれば製造と販売のミスマッチを無くせるかにつき説き明かす教科書。〔内容〕予測と販売操業計画／需給管理と戦略マップ／需給管理とERP／需給協働と需給管理／需給管理とSCM／オンデマンド在庫管理システム／他

シリーズ〈統計科学のプラクティス〉1 Rによる統計データ分析入門
小暮厚之著
A5判 180頁 定価3045円（本体2900円）（12811-6）

データ科学に必要な確率と統計の基本的な考え方をRを用いながら学ぶ教科書。〔内容〕データ／2変数のデータ／確率／確率変数と確率分布／確率分布モデル／ランダムサンプリング／仮説検定／回帰分析／重回帰分析／ロジット回帰モデル

シリーズ〈統計科学のプラクティス〉2 Rによるベイズ統計分析
照井伸彦著
A5判 180頁 定価3045円（本体2900円）（12812-3）

事前情報を構造化しながら積極的にモデルへ組み入れる階層ベイズモデルまでを平易に解説〔内容〕確率とベイズの定理／尤度関数／事前分布、事後分布／統計モデルとベイズ推測／確率モデルのベイズ推測／事後分布の評価／線形回帰モデル／他

シリーズ〈統計科学のプラクティス〉3 マーケティングの統計分析
照井伸彦他著
A5判 200頁 定価3360円（本体3200円）（12813-0）

実際に使われる統計モデルを包括的に紹介，かつRによる分析例を掲げた教科書。〔内容〕マネジメントと意思決定モデル／市場機会と市場の分析／競争ポジショニング戦略／基本マーケティング戦略／消費者行動モデル／製品の採用と普及／他

シリーズ〈現代の品質管理〉1 現代品質管理総論
飯塚悦功著
A5判 228頁 定価3150円（本体3000円）（27566-7）

現代における価値提供の思想的基盤・方法論をなす品質管理論の全貌を簡潔に描き出す。〔内容〕品質管理の全体像／品質管理の基本的な考え方／品質のための管理システム／品質保証／品質保証機能／問題解決／品質管理の運用／今後の品質管理

シリーズ〈現代の品質管理〉2 統計的品質管理
永田 靖著
A5判 212頁 定価3360円（本体3200円）（27567-4）

SQCの深い理解と知識の整理のために手法間の関連を重視した新視点の手引書／確率分布（工程能力指数と不良率の関係他）検定・推定（最小2乗法他）実験計画法（実験データのグラフの作り方と見方他）多変量解析法（線形代数入門他）

シリーズ〈現代の品質管理〉3 統計的工程管理
仁科 健著
A5判 160頁 定価2730円（本体2600円）（27568-1）

伝統的な品質管理手法を実践という視点から見直し，管理図や工程能力を中心に解説。〔内容〕品質のつくり込みと製造品質／シューハート管理図による工程の安定化／連続するデータからなる統計量を用いた管理図／工程能力の計量と活用／他

ISBN は 978-4-254- を省略

（表示価格は2011年5月現在）

朝倉書店
〒162-8707 東京都新宿区新小川町6-29
電話 直通（03）3260-7631 FAX（03）3260-0180
http://www.asakura.co.jp　eigyo@asakura.co.jp

され,非標準品やひも付きの標準品の生産を妨げないようにする.したがって,在庫水準の維持を目的とした発注に関しては,従来の在庫管理の方式を利用することができる.従来の方式としては,(s, S) 方式と呼ばれるものが参考になる[28].この方式は,在庫量が発注点 s 以下になったときに,補充点 S に戻すために必要な量,つまり($S-$在庫量)を発注するものであり,調達期間が一定であることを前提としている.前述した生産状況のもとでは調達期間が一定という前提はもちろん望めない.そこで,誤解がないように調達期間が一定であることを前提としない (s, S) 方式を (Min, Max) 方式と呼び,前述のハイブリッド生産システムでの在庫の補充に利用する[*1].

繰返しになるが,この方式のもとでは在庫量が Min より小さくなったときに($Max-$在庫量)を発注する.この場合,$(Max-Min+1)$ は最小発注量を表し,その標準品の製造工程において段取り時間,とくに大きな段取り時間を要する場合に,その最小発注量に意味がある.ここで用いるスケジューリングではいままで段取り時間は作業時間に含まれるものとして扱ってきたため,発注点 Min を Max に等しく設定すると最小発注量は1となり,在庫量を常に Max に維持するように発注することになる.これは,(s, S) 方式の特別な場合である $(S-1, S)$ 方式と呼ばれるものに対応する[28].Min を Max に等しく設定する場合に,パラメーターは Max のみになるから,Max の値を発注パラメーターと呼ぶ.本章では,このパラメーターがリードタイムなどのシステムの性能を示すパフォーマンスに及ぼす影響を解析する.

5.2.3 ● モジュール化の程度の尺度化

モデルを用いる場合にはモジュール化の程度を自由に変えることができるため,モジュール化の効果を予測するという状況においては大変都合が良い.本章では,各製品が2種類の中間製品を組み立てて作られることを想定し,それらの中間製品はそれぞれの製品にのみ利用される非標準品と複数の製品に共用できる標準品に分けられる.特定の製品群を対象としたモジュール化の程度を定量化する必要がある.そこで,中間製品と製品の実際に見られる組合せ中に占める複数の製品に利用される標準品,つまり,モジュールが製品に使われている程度をもってモジュール化の尺度とし,モジュール化率と呼ぶ.すなわち,モジュール化

[*1] 最適な s,S を決定する際には,調達期間を一定と仮定してそれらの値が求められる.

(モジュール化率：60%)

モジュール { 9, 10, 11 }

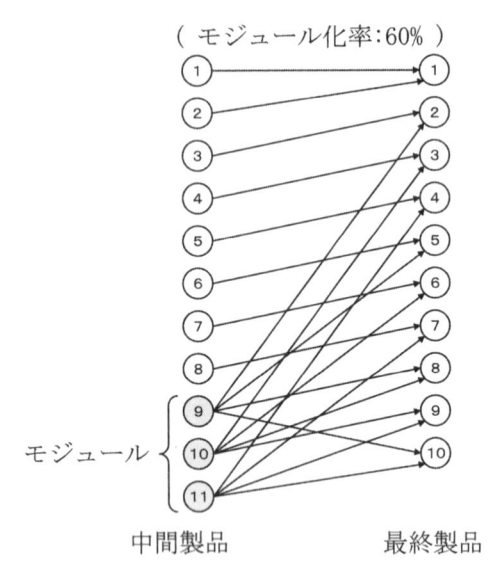

中間製品　　　　最終製品

図 5.2　最終製品，中間製品，モジュールの構成関係

率は次式によって示される．

$$\text{モジュール化率} = \frac{\text{モジュールと最終製品を結ぶリンク数}}{\text{中間製品と最終製品を結ぶリンク数}} \times 100\% \quad (5.1)$$

たとえば，図 5.2 に示す最終製品，中間製品，モジュールからなる構成のもとではモジュール化率は 60% になる．本章では，このような構成関係を何通りか想定し，構成ごとに異なるモジュール化率もパラメーターとして扱ってそれがパフォーマンスに及ぼす影響を解析する．

5.3　数値実験

5.3.1　数値実験の計画

モジュール化によってリードタイムを短縮する方法とその評価の仕方を示すことに，この数値実験の目的がある．モジュール化によってリードタイムの短縮が可能であることは数値実験の結果を待つまでもなく明らかであるが，モジュール化の程度とリードタイム短縮の効果の関係は，いままでに事例研究はもちろんの

5.3 数値実験

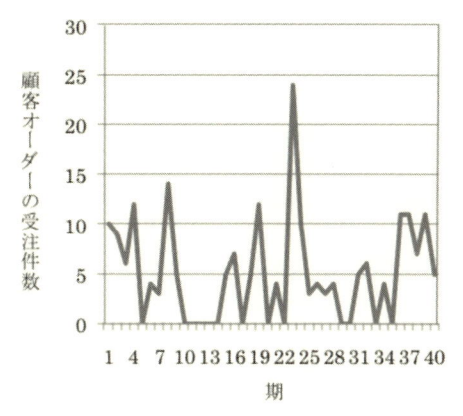

図 5.3 期当たりの顧客オーダー到着件数の時系列

こと理論的研究によっても明らかにされたことはない．

現実に観測できる顧客オーダーの到着に関する不規則性をモデルに反映するために，期当たりの到着件数の時系列に自己相関の存在を仮定する．図 5.3 に到着件数，つまり受注件数について自己相関がある時系列を示す．繰返し生産の状況を扱うために，製品の種類は有限とし，各期に受注する製品の種類はそれらの内から無作為に選出する．

表 5.1 に問題の規模を示すデータとパラメーターがまとめてある．いままで，納期バッファの初期値をパラメーターとして扱ってきたが，この数値実験では予備実験の結果に基づき顧客オーダーの平均総処理時間の 10% に定めている．これは，納期バッファと発注パラメーターの何通りもの組合せのもとで実施した予備実験の結果から，発注パラメーターの値を 2 以上に設定する場合には納期バッファの初期値を 5% より大きくしてもリードタイムの短縮効果はほとんど上がらないことが示されたためである．具体的に述べれば，モジュール化率が 50% のもとで発注パラメーターが 2 の場合に，5〜15% の納期バッファ初期値に対して後で定義するリードタイム短縮率は 5〜6% となり，発注パラメーターを 2 より増大してもリードタイム短縮率はほとんど変化しないという結果が観測され，パラメーターの数を減らすためにこのような処置をとった．

別の表現をすれば，納期バッファは平均総作業時間の 10% もあれば，6% 程度の納期短縮の効果が 2 以上の発注パラメーターの場合に保証されるということに

表5.1 問題の規模とパラメーター

期数 P	401 期
1期の長さ	600 単位時間
顧客オーダー到着数の自己相関時系列	
線形自己相関関数*	$\begin{cases}\rho(k)=1-(k/L), k\leq L\\ \rho(k)=0, k>L\end{cases}$
自己相関が生じる遅れの限界 L	7
到着件数を示す正規変数の平均値	8.0
到着件数を示す正規変数の標準偏差	2.6
最終製品の種類（N）	10 種
中間製品の種類（M）**	16, 14, 13, 11, 10 種
モジュールの種類（m）**	2, 2, 3, 3, 4 種
中間製品中に占めるモジュールの割合（m/M）	12.5, 14.3, 23.1, 27.3, 40.0 %
モジュール化率（m-$ratio$）	30, 40, 50, 60, 70 %
発注パラメーター（Max, 短縮率を示す式中では h で示す）	0, 1, 2, 3, 4, 5, 6, 7
製造現場の平均稼働率***	80%
ワークステーション数	6
組立ステーション	1
加工ステーション	5
中間製品の加工経路	ジョブショップ
顧客オーダーの完成に要する総工程数	11 工程
組立工程	1 工程
加工工程	10 工程
各工程の平均作業時間****	
組立工程	10 単位時間
加工工程	5 単位時間
顧客オーダー当たり正味総作業時間の平均	60 単位時間
納期バッファの初期値	6 単位時間

* 自己相関関数 $\rho(k)=\phi(k)/\phi(0)$ によって与えられる．ここで，$\phi(k)$ は時系列データ x_t, x_{t+k} 間の共分散，$\phi(0)$ は x_t の分散を示している．

** 最終製品と中間製品の5通りの構成関係を設定した．図5.2に示した関係（モジュール率：60%）は4番目のものを示している．

*** 製造現場の平均稼働率を設定する便宜上，それぞれのワークとスーションの平均負荷が等しくなるように定めている．

**** 一様分布を仮定している．ただし，シミュレーション実行の便宜上，すべての作業時間は整数値で与えられている．

なる．ただし，この数値は取り扱っている問題の構造や規模によって変わり，普遍性のあるものではない．

表5.1に記されている中間製品中に占めるモジュールの割合とモジュール化率は同一の最終製品，中間製品，モジュールの構成に対してまったく異なった数値

を示す．たとえば，前者が12.5%の時に後者は30%を示し，前者が40%の時に後者は70%を示しており，前者が増えれば後者も増えるという関係を除けば両者には論理的なつながりはない．モジュール化率（*m-ratio*）はモジュール化の程度をより的確に表しており，中間製品中に占めるモジュールの割合（m/M）は参考のための尺度として考えてほしい．

5.3.2 ● 数値実験の結果
a．平均リードタイムの短縮について

主要な実験結果である発注パラメーターとモジュール化率がリードタイムの短縮に及ぼす影響を図5.4は示している．縦軸に示されている平均リードタイムの短縮率は次式によって与えられる．

$$平均リードタイムの短縮率 = \frac{l_0 - l_h}{l_0} \times 100\%, \quad h = 1, 2, \cdots, 7 \quad (5.2)$$

ここで，l_0は発注パラメーターが0のときの平均リードタイム，l_hは発注パラメーターがhの時の平均リードタイムを表している．発注パラメーターが0であるということはモジュール化が行われていない状況，つまり完全な受注生産が行われている状況を仮定した場合のシミュレーション結果を示している．発注パラメーターの増加につれて最初は急激に，その後は傾斜を緩めて平均リードタイムの短縮率が大きくなっている．発注パラメーターが7の場合まで行われている

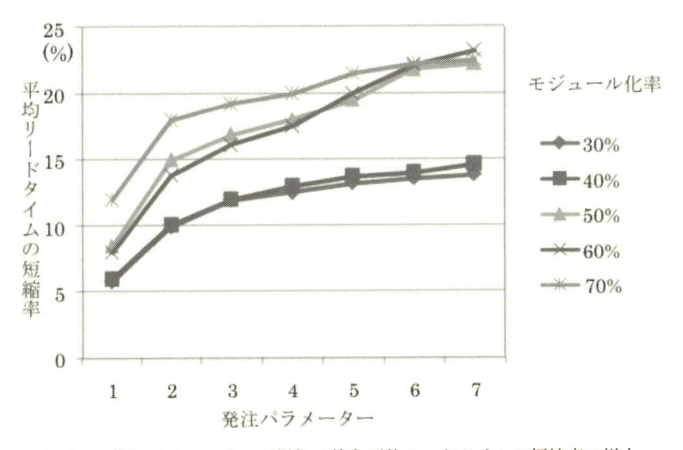

図5.4 発注パラメーターの増加に伴う平均リードタイムの短縮率の増大

が，7の場合もまだ増加する傾向が観測されている．

モジュール化率の変化と平均リードタイムの短縮率の関係は複雑であり，大きなモジュール化率のもとで発注パラメーターの増加につれて平均リードタイムがより短縮されるとは限らない．たとえば，モジュール化率が30%と40%の場合に短縮の効果を比較すると，いかなる発注パラメーターのもとでも大きな差は観測されていない．一方，モジュール化率が50，60，70%の場合には，発注パラメーターが4以下でモジュール化率70，50，60%の順に短縮の効果が上っているが，5以上になると短縮の効果の上がる順序に変化が生じる．

製品とモジュールの間に見られる構造関係もモジュール化の程度に影響するため，前述したような結果が観測されたと考えられる．しかし，尺度としての意味がない訳でなく，より大きなモジュール化率を持つ製品/モジュール構造は一般にリードタイムの短縮が行い易いといえよう．

b．モジュール在庫の増加について

発注パラメーターが増加すると平均リードタイムの短縮が進むという前述の実験結果から想像されるものよりも，モジュール在庫の平均値ははるかに少ないという結果が観測されている．表5.2は7通りの発注パラメーターのもとでのそれぞれのモジュールの平均在庫水準を示したものであり，いずれの発注パラメーターのもとでも平均在庫水準は1よりも小さい数値を示しいている．この結果をどのように理解すればよいのか．

まず，平均在庫水準は1よりも小さいとはいえ，発注パラメーターの増大とともに確実に増加していることに留意する必要がある．このことは，発注パラメーターが増えれば平均在庫水準も増加し，平均リードタイムの短縮がさらに進むことを示している．

次に，発注パラメーターを増やしても，平均在庫水準がすぐには増大しないことを考える必要がある．これは，モジュールの需要と供給がうまく釣り合っているという事実によって説明ができる．つまり，モジュールの手持ち在庫や計画在庫がなくなると，このハイブリッドシステムでは直ちに生産指示行われ，少しの遅れを伴って供給され，顧客オーダーが必要とするモジュールが，製品によっては中間製品とモジュールが，揃い次第，最終製品が組み立てられて出荷される．

逆に，特定のモジュールを必要とする製品の需要が途切れていて生産設備に余裕があれば，見込生産の対象としてモジュールが作られ，モジュール在庫が補充

5.3 数値実験

表 5.2 発注パラメーターの増大に伴う平均モジュール在庫の増加[*]

モジュール化率	モジュールの種類[**]	発注パラメーター						
		1	2	3	4	5	6	7
30%	a	0.073	0.207	0.287	0.385	0.495	0.617	0.728
40%	b	0.074	0.213	0.295	0.416	0.549	0.669	0.798
	c	0.035	0.146	0.207	0.276	0.359	0.439	0.541
	d	0.028	0.116	0.172	0.235	0.316	0.416	0.509
50%	e	0.047	0.149	0.196	0.260	0.340	0.427	0.517
	f	0.059	0.180	0.233	0.306	0.401	0.502	0.630
	g	0.053	0.181	0.212	0.261	0.340	0.434	0.494
60%	h	0.047	0.165	0.233	0.333	0.473	0.597	0.783
	i	0.036	0.141	0.223	0.313	0.443	0.564	0.705
	j	0.036	0.115	0.184	0.269	0.367	0.510	0.647
70%	k	0.039	0.162	0.234	0.306	0.438	0.550	0.668
	l	0.030	0.125	0.176	0.257	0.372	0.470	0.596
	m	0.057	0.179	0.252	0.354	0.488	0.630	0.781
	n	0.061	0.200	0.265	0.375	0.530	0.662	0.812

[*] 表に示すモジュール在庫の水準には現在発注中で未完成のモジュールは含まれていない.
[**] モジュールの種類の欄に示されたa, b, c, …, nは, 単に他のモジュールとの区別を示すために付けた仮の名称である. たとえば, モジュール化率が40%の場合, b, c, dの3種類のモジュールが用いられている.

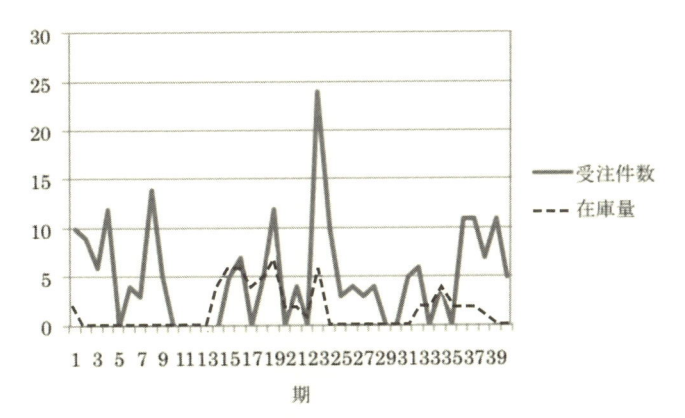

図 5.5 顧客オーダーの受注件数の推移とモジュール在庫量の変動を示す時系列
モジュール化率：70%, 発注パラメーター：7

される. しかし, 発注パラメーターが大きく設定されていない限り, 手持ち在庫が長期間にわたって維持されることはなく顧客オーダーに引き当てられ, 在庫量は直ぐ0に戻る. 図5.5に, 顧客オーダーの受注件数の変動とその結果として生

表5.3　顧客オーダー平均処理件数*の変化

モジュール化率	発注パラメーター							
	0*	1	2	3	4	5	6	7
30%	7.92	7.94	7.95	7.95	7.95	7.96	7.96	7.96
40%	7.94	7.95	7.96	7.97	7.97	7.97	7.98	7.98
50%	8.02	8.03	8.05	8.06	8.07	8.08	8.08	8.08
60%	7.90	7.92	7.95	7.95	7.96	7.98	7.98	7.99
70%	7.92	7.95	7.97	7.98	7.98	7.98	7.99	7.99

* 発注パラメーターが0である場合は，共用する中間製品の見込生産が行われていないこと，つまり完全な受注生産が行われていることを意味する．

じるモジュール在庫の増減が示されている．顧客オーダーの谷に対してモジュール在庫の山が一定の遅れを伴って生じている様子が観察できる．

本章で提示されたハイブリッドシステムは，このような需要の時系列における自己相関の存在を利用する方法であるといえる．自己相関のパラメーターは一通りに限られているが，論理的にはより自己相関が強くなればシステムの有効性は高まることが予想できる．このシステムによって認められるもう一つのパフォーマンスの評価尺度について次に述べよう．

c. 平均処理件数の増加について

表5.3に，単位時間当たりの顧客オーダーの平均処理件数が発注パラメーターとモジュール化率の増大につれて増加する状況が示されている．顧客オーダーの平均処理件数の定義は次式が示す通りである．

$$顧客オーダーの平均処理件数 = \frac{顧客オーダーの総処理件数}{シミュレーション実施期数}$$

$$= \frac{顧客オーダーの処理件数}{期} \quad (5.3)$$

発注パラメーターが0の場合は完全な受注生産が行われている状況を表しているから，部分的に見込生産を実施するハイブリッド型の受注生産を行えばいかに設備あるいは作業者の稼働率が高められるかを示していることになる．たとえば，発注パラメーターが0から2に変わった結果，シミュレーション期間である401期の間に顧客オーダーの処理件数が少ない場合で8.02件（モジュール化率40%），多い場合で20.05件（モジュール化率60，70%）増大する[2]．これは，

---

[2] モジュール率が40%の場合，$(7.96-7.94) \times 401 = 8.02$件の増加が，60%の場合に$(7.95-7.90) \times 401 = 20.05$件，70%の場合には$(7.97-7.92) \times 401 = 20.05$件の増加

残業や夜間操業を考えない計画レベルでの見込みであるから驚くべき効果が上がっているといえる.

5.4 ○ 考　察

　本章では，受注生産に見込生産の機能を部分的に取り入れる方法とその効果について述べた．本来，受注生産と見込生産は異質のものであるし，またそれぞれの生産方式を支える産業文化が異なっているため，通常それらの混在を実現することは難しい．とりわけ，見込生産に欠かせない需要予測と最終製品の在庫保持は受注生産を支える産業文化にとっては受け入れられるものではなく，中間製品在庫の保持も同様に排除されることが多い．しかし，中間製品が複数の最終製品に共用される場合，つまり，受注生産とはいえ，最終製品の需要にある程度反復性があったり，顧客が要求する製品に類似性が高かったりする場合には，旧来の産業文化は受注生産企業の競争力強化の足かせになりかねないといえよう.

　本章の内容は，受注生産企業の展開の方向を示唆したものになっている．競争相手の製品と自社の製品の性能・品質・価格などが拮抗する場合に，納期が決定的な受注獲得の要因になることはよく知られている．リードタイムの短縮は製造現場の問題として長年にわたって取り上げられてそれなりの効果を上げてきたが，現在ではこれはさらに戦略的な課題となり，設計部門と製造部門との連携，さらに顧客を含めた連携がますます求められている．中間製品の共用化つまりモジュール化は企業レベルの問題として取り上げられる必要があり，そのためには具体的な方法やその効果の大きさが知識として共有化されることが先決であろう．顧客の要求，設計上の課題，経済性とリスクなどの分析を含む大きな問題の解決が望まれている．このような総合的な観点からこの問題を検討する場合には，本章で示したように様々な条件やパラメーターのもとでの試算ができるモデルの利用が，企業間あるいは多部門にまたがるパートナーの連携を実現するうえで欠かせないと思われる.

　　　が見込まれる.

5.5 ● ま と め

　反復して注文のある製品や類似性の高い製品を製造している受注生産企業にとって，リードタイムの短縮は受注獲得を有利に導く戦略的な課題であろう．本章では製品のモジュール化によってリードタイムを短縮する場合に期待できる効果を予測し，その実現可能性を評価する方法について示した．具体的に述べると，受注生産の枠組みの中で，複数の製品に共用される中間製品であるモジュールを見込生産化するハイブリッドシステムを提示し，そのシステムを前提としたシミュレーション・モデルを利用してモジュール化の程度が異なる五つの製品構成を取り上げるとともに，モジュール在庫を管理する発注パラメーターを種々取り替えて，モジュール化の程度とモジュール在庫の維持水準の違いによって平均リードタイムがどのように異なるかを明らかにした．さらに，需要変動が自己相関のある時系列に従う場合を想定しているため，モジュールの見込生産のもう一つの尺度である単位期間当たりの注文処理件数の変化を調べ，完全な受注生産からモジュール在庫を維持するハイブリッド生産に移行することにより，注文処理件数が増加することを示した．

　モジュール化のような複数部門がかかわる問題解決を図る際には，システム変更の事前評価を実施してその結果を情報として共有することが成功裏に事を運ぶ鍵になると思われる．

● Q&A（4）

Q　需要の時系列に自己相関がある場合に，ハイブリッドシステムの利用によって顧客オーダーの平均処理件数が増加する理由を教えて下さい．

A　モデルでは自己相関の存在を前提にしておりますが，現実の需要の時系列は平均値を中心にランダムにばらつくことは稀であり，ある時期には平均より多い需要が，別の時期には平均より少ない需要が続くというような状況はごく一般的です．実際には，仕事が多い時には残業・夜間操業などによって対応しているためにそのような状況が生じていることが分かり難いと思います．

　ハイブリッドシステムは，残業や夜間操業などの生産能力の柔軟性に依

存しないで生産を行う方法と考えて下さい．このシステムの場合には，仕事がそれほど多くなく生産能力に余裕のある時期に標準品の見込生産を行ってモジュール在庫を蓄えます．一方，仕事が多い時期にはモジュール在庫を使って生産するために，標準品の加工に必要な時間が省けてその分を非標準品の加工に回せるので，その時期に残業を行うことなく処理件数が増えます．つまり，高い稼働率を常に維持することが可能になります．

　それでは，顧客オーダーの到着状況は変わらないのに，モジュール在庫を持たない場合に比べてモジュール在庫を保持すると処理件数が増えるという理由は，単位時間当たりの顧客オーダーの処理件数が増えるということであり，ある程度長い期間 P を対象とすると，次式

$$総処理件数 = 単位時間当たりの処理件数 \times P$$

によって総処理件数が決まりますから，必然的に増加するということにより説明できます．言い換えれば，効率の低い生産をしていたならばまだ仕掛り中の顧客オーダーであるものが，効率の高い場合にはすでに顧客に納品済みであって，現在はその後に受注した他の顧客オーダーの生産の最中であるという違いが生じているということになります．

　この違いを現実の状況に照らして解釈すると，効率の低い場合は納期が遅くなるために受注の機会を逸しているのに対し，効率の高い場合は着実に受注を重ね，顧客との信頼関係が益々高まっているという大きな違いになって現れているとさえいえそうです．

第6章 リードタイムと在庫投資額を考慮したモジュール配置の最適化

6.1 ● 受注生産におけるモジュール在庫配置問題

　工作機械，リフトトラック，トラクター，農業機械，事務機械，半導体などの製品は，顧客の注文に基づいて生産される一方，類似した製品に対する需要が反復的に生じる．このような製品の注文獲得の成否はリードタイムの長短によって決まることが多く，複数の異なった製品に共用される中間製品を在庫として保有するモジュール化が望まれる．しかしその反面，需要の動向の変化によって，また技術の革新によって在庫品の陳腐化が生じ，それらをモジュールとして利用することはできなくなるというリスクが伴う．

　本章では特定の製品群を対象として，長期的のみならず中短期的にも需要の傾向について変化があることを前提として，どの中間製品をモジュールとして保有するか，またその在庫量をいかなる水準に維持するのが有利であるかを検討する問題を取り上げ，最後にモジュール化のリスクを回避する方法を示そう[12]．

　従来，この種の問題は製品ごとに検討されていたものであるが，前章で述べた通り，関連する製品群を同時に考慮して分析する必要がある．現実には，取り上げねばならない製品数が多くなるために膨大なデータを扱う関係でこれを行うことは容易ではない．ここでは，現実的な課題は脇に置いて，その考え方を述べる．仮に，異なった2種類の製品について図6.1に示すような製品構成が与えられているものとする．それぞれの製品は2種類の中間製品から構成され，さらにそれらが原材料を加工して作る部品から構成されている．中間製品との区別が付き易いように部品と呼んでいるが，製品構成の次の階層に属する中間製品であってもよい．製品X，Yは共通の中間製品Aを持ち，さらに中間製品A，Bは共通の部品aを，中間製品A，Cは共通の部品bを，中間製品B，Cは共通の部品

6.1 受注生産におけるモジュール在庫配置問題

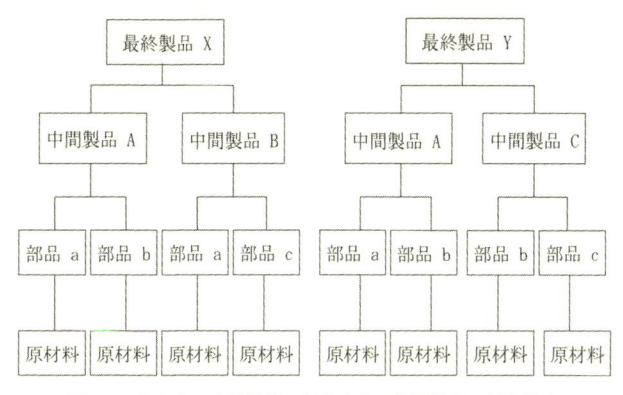

図 6.1 共有する中間製品・部品を持つ最終製品の製品構成

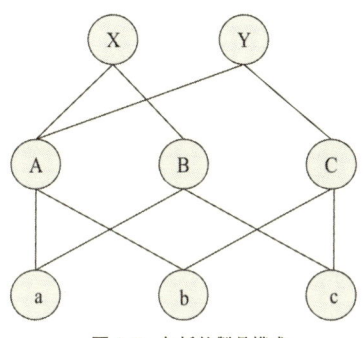

図 6.2 包括的製品構成

cを持つものとする.

図 6.2 は製品 X, Y, 中間製品 A, B, C, 部品 a, b, c の構成関係を一つにまとめたものであり，これを包括的製品構成と呼ぶ．この場合，前提とする条件が一つあり，それは製品 X, Y, 中間製品 A, B, C, 部品 a, b, c のそれぞれのグループは別々の設備群を用いて組立や加工が行われるというものである．

また，本章で取り上げる問題を考えるためには，需要の変動を想定することが欠かせない．モジュール在庫保有に伴う在腐化リスクを回避するあるいはそれを最小化するに当たって，中短期的な需要変動だけでなく長期的な変動を考慮しなければならない．前者についてはパラメーター値の自動的な変更によって対応できるが，後者については完全な自動化は難しいので人間の判断を併用して半自動

的に対応する仕組みを用意しておくことが望ましい．その具体的な方法は章末において取り上げる．

ここで，見出しにあるモジュール配置の最適化について説明しよう．これは，モジュールの候補になっている中間製品の在庫量を最適化することを指しているが，通常の在庫管理問題のように関連する費用を最小化するという最適解は考えられない．前章で述べたように，モジュール化はリードタイムを短縮するために行うことを前提としており，その目的だけを考えれば，費用を掛ければ掛けるほど良い結果が得られる．しかし，モジュール化を進めるには，製品の設計変更を行うための費用とモジュール在庫を維持する費用が生じるので，発生する費用に応じてどれだけのリードタイム短縮が実現できるかについて見極め，モジュール化の対象になる中間製品を確定し，さらに各モジュールの適正な在庫水準を求める必要がある．

通常の在庫管理問題とのもう一つの違いは，複数のモジュール在庫が相互にかかわり合うという点である．つまり，あるモジュールの在庫水準を引き上げると他のいずれかのモジュール在庫は従来の水準を維持する必要がなくなるという状況が生じ得る．さらに，そのようなモジュール在庫の間で望まれる関係は製品需要の変化につれて異なったものになるだろう．

モジュール在庫の配置問題を定量的に取り扱うためには，総合的かつ動的に取り扱うという観点に立って，どのようなモデルが適切であるか，またその解をいかにして求めるかについて考えねばならない．

6.2 ◯ モジュール在庫配置問題のモデルと解析法

6.2.1 ● モジュール在庫配置問題のモデル

本章においても，前章と同様に受注生産方式の枠組みの中で複数の異なった製品間で共用される中間製品，つまりモジュールの加工には見込生産方式を使用するハイブリッドシステムを取り扱う．したがって，製品需要も現実に観測されるような不規則な変動を取り上げることが望ましいので，各期に到着する顧客オーダーの件数に関しては，ピークと谷が繰返し現れるようにするため，その時系列には自己相関の存在を仮定する．

モジュールの発注には (Min, Max) 方式を用いる．つまり，モジュールの在庫水準があらかじめ定めた Min の値より小さくなったときには，$(Max-$在庫量$)$ に相当する量の生産指示を行う．その場合，過剰な発注を避けるために，その在庫量には発注済みであって生産が終了していないものがあればその量も含むようにする．(Min, Max) 方式を用いる場合に，$(Max-Min+1)$ は最小発注量を表し，前章と同様にスケジューリングに当たって段取り時間は作業時間に含まれるという取扱いをするため，Min の値を Max に等しく設定して最小発注量を1とする発注方式を採用する．したがって，パラメータは Max のみが用いられる．

前章と違って，発注パラメーターがモジュールごとに異なってもよいと考えるため，モジュール q の発注パラメーターを $Max(q)$ と表して区別する．したがって，モジュール在庫配置問題を最適化する場合の変数は $Max(q)$, $q=1,2,\cdots,Q$ になる．Q はモジュールあるいはモジュールの候補となる中間製品が，前章で定義した包括的製品構成において Q 種あることを示す．数学的な表現を借りれば，変数は次式のようにベクトル X として表される．

$$X = \{Max(1), Max(2), \cdots, Max(Q)\} \tag{6.1}$$

すでにモジュール化が行われ，それらのパラメーター値が $Max(q)$, $q=1,2,\cdots,Q$ であるとしよう．それぞれのモジュールの平均在庫量 I_q, $q=1,2,\cdots,Q$ を求めることができるならば，モジュール在庫を維持するために要する総在庫投資額は次式によって示される．

$$T(X) = \sum_{q=1}^{Q} r_q I_q \tag{6.2}$$

ここで，r_q はモジュール q の平均在庫量を在庫投資額に変換するための係数である．平均在庫量には発注済みであるがまだ完成していないモジュールも考慮しなければならないため，モジュールの平均在庫量の算定は容易でない．幸い，平均在庫量 I_q, $q=1,2,\cdots,Q$ はパラメーター $Max(q)$, $q=1,2,\cdots,Q$ を超えることはないうえ，在庫量がパラメーター $Max(q)$ より小さくなり次第発注が行われるから，モジュール在庫を維持するために要する総在庫投資額は次式によって近似的に置き換えられる[*1]．

$$T(X) = \sum_{q=1}^{Q} r_q Max(q) \tag{6.3}$$

[*1] $Max(q)$ と $Min(q)$ が本章のように同一でない場合は，$Max(q)$ の代わりに $\{Max(q)+Min(q)\}/2$ を用いればよい．

次に，これからモジュール化を検討しようとしている中間製品を対象に入れる場合の総在庫投資額を考える．この場合は，総在庫投資額は式 (6.3) に示した在庫維持費用に設計変更を含むモジュール化のための投資額を加えたものとなり，次式によって与えられる．

$$T(X) = \sum_{q=1}^{Q} r_q Max(q) + \sum_{q=1}^{Q} C(q) \tag{6.4}$$

ここで，$C(q)$ はモジュール q の開発に要する費用であり，すでにモジュール化が行われている q については，$C(q)$ を 0 とする．$C(q)$ の見積りが容易にできない場合は投資額を何通りか想定し，それぞれのモジュール化のリードタイム短縮に関する効果をスケジューリングによって評価し，最大の投資額に見合う効果が期待できるモジュールを取り上げ，これから述べる総合的な評価を行った後にそのモジュールの導入の可否を検討すればよい[*2]．

総合的な評価とはシステム全体を考えたモジュール在庫の投資額とリードタイムの関係を求めるというものである．前者はパラメーターとしての $Max(q)$，$q=1, 2, \cdots, Q$ の値が与えられるならば計算できるが，後者は顧客オーダーが次々と到着する動的な状況のもとで本書において一貫して利用してきた納期見積り/生産スケジューリング法を用いて求める必要がある．それぞれの顧客オーダーに基づいて加工指示や組立指示を行うだけでなく，モジュール在庫を維持するための加工・組立の指示も行い，それらの指示に基づいて生産が進められるという内容のシミュレーションを実行する．納期見積りと生産スケジューリングの結果，納期遅れの生じないリードタイムが顧客オーダーごとに求められ，総合評価値の一つとしてそれらの平均リードタイムを算出する．

6.2.2 ● モジュール在庫配置問題の解析法

総合的な評価をするには，パラメーターである $Max(q)$，$q=1, 2, \cdots, Q$ のそれぞれの値を取り替えて，いま述べた処理を繰り返す必要がある．幸い，二つの評価尺度を取り上げて変数ベクトル $X = \{Max(1), Max(2), \cdots, Max(Q)\}$ を最適化するという当面している問題に相応しい方法として GA（genetic algorithm：遺伝

[*2] 前章の計算結果から，多くの場合に $I_q < Max(q)$ なる関係が成立するものと思われ，r_q を費用係数として式 (6.3) の値を定めると実際の在庫維持費用よりも大きくなる．したがって，実際の最適化に先立ってシミュレーションを行って比率 $I_q/Max(q)$ の概数を求めたうえ，費用係数とその比率の積を表す換算係数 r_q を求めて用いる必要がある．

6.2 モジュール在庫配置問題のモデルと解析法

的アルゴリズム）がある．

　GA は母集団と呼ばれる一定数の解の集りを最初に作成し，最後に求められた解の集合をもとにして新しい解集合の生成を繰り返すというものであるが，それまでに求められた最良の解を保存しながら，解集合の評価関数の改良が難しくなるまでその処理を続ける．多目的最適化の方法は GA が提案される以前から研究が行われており，非劣解と呼ばれる解を求めてその改良を漸次図るところに特徴がある．非劣解とは，複数の評価関数値のいずれを取り上げてもいままでに求められた解に劣らないものをいい，すべての評価関数値に関してそれより勝る解が現れるまで，その非劣解は保持する価値があると見なされる[*3]．

　GA は計算過程で母集団として複数の解を常に保持しているから，基本的にはそれらの解が非劣解であるという条件を付け加えるだけでよい．評価関数が実数値をとる限り，評価尺度が二つの場合でも非劣解の数は無数にあるので，より良い非劣解を求めて解の探索が続けられる．多目的最適化問題を解く場合に遭遇する GA の問題点は母集団を構成する非劣解が互いに似たものになり易いというもので，解の多様性をどのようにして維持するかが課題になる[17]．

　非劣解は評価尺度が二つある場合にはそれらによって定義される平面上の一つの曲線に沿って，三つある場合には空間中の一つの曲面に添って解が求められるならば，非劣解として良いものが求められているといえる．さらに，その広がりが大きければ解の多様性が維持されているという証になる．評価尺度が二つある場合に非劣解が作る曲線はパレート曲線と呼ばれる．この名称は，所得を層別してそれぞれの所得の範囲に属する人の数を示したときに観測される所得と人数の関係（所得分布）について一般的な特徴があることを指摘したイタリアの経済学者パレートに因んで付けられている．また，非劣解が形成するパレート曲線を求めることはパレート最適化と呼ばれている．

　図 6.3 はモジュール在庫配置問題を解く方法を示している[12]．図には記されていないが，GA の計算を開始するためには初期解の集合を作成する必要がある．なお，この解集合（母集団）の大きさは GA 計算の全過程を通して一定に保

[*3] 評価尺度が二つある場合，(f_1, f_2) によって解のそれぞれの関数値が表されているものとする．いま，五つの解が求められている．関数値が以下の通りであり，関数値はともに小さいほど良いものとしよう．(6,5), (3,7), (7,6), (8,2), (1,7), これらの内，(6,5), (8,2), (1,7) の三つの解が非劣解である．なぜそうなのか各自で確認してほしい．

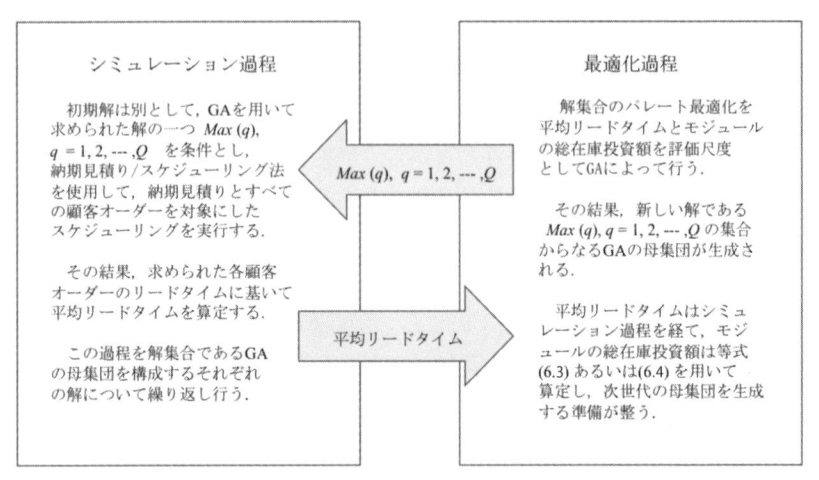

104   6. リードタイムと在庫投資額を考慮したモジュール配置の最適化

```
┌─────────────────────────────┐  ┌─────────────────────────────┐
│       シミュレーション過程        │  │         最適化過程            │
│                              │  │                              │
│  初期解は別として，GAを用いて    │  │  解集合のパレート最適化を     │
│  求められた解の一つ Max (q),   │  │  平均リードタイムとモジュール  │
│  q = 1, 2, ···, Q を条件とし， │←─│  の総在庫投資額を評価尺度     │
│  納期見積り/スケジューリング法   │   Max (q), q = 1, 2, ···, Q   │  としてGAによって行う．       │
│  を使用して，納期見積りとすべて  │  │                              │
│  の顧客オーダーを対象にした    │  │  その結果，新しい解である     │
│  スケジューリングを実行する．    │  │  Max (q), q = 1, 2, ···, Q の集合 │
│                              │  │  からなるGAの母集団が生成さ   │
│  その結果，求められた各顧客    │  │  れる．                       │
│  オーダーのリードタイムに基いて │  │                              │
│  平均リードタイムを算定する．    │  │  平均リードタイムはシミュ   │
│                              │─→│  レーション過程を経て，モジ   │
│  この過程を解集合であるGA      │   平均リードタイム             │  ュールの総在庫投資額は等式 │
│  の母集団を構成するそれぞれ    │  │  (6.3) あるいは(6.4)を用いて  │
│  の解について繰り返し行う．     │  │  算定し，次世代の母集団を生成 │
│                              │  │  する準備が整う．             │
└─────────────────────────────┘  └─────────────────────────────┘
```

図 6.3 シミュレーションと GA を用いて行うパレート最適化の手順

たれる．その大きさが N であれば，N 個の各解に対応する総在庫投資額を求めるとともにそれぞれの解が示す発注パラメーターのもとでシミュレーション（本問題の場合は納期見積り/生産スケジューリング法を使用）を解の数だけ，つまり N 回繰り返し，各顧客オーダーのリードタイムを求めた後，その平均値を算定する．この結果を出発点として，図に示された手順に従って GA によるパレート最適化が行われる．

いま述べた初期解の作成と違って，この後母集団を構成する N 個の解は GA によって自動的に生成される．そのうえ，定められた生成法の働きによって評価関数値が改良されるように母集団の更新が行われる．さらに，その更新の都度，生成された解を判別してそれらの一部を保存するとともに，非劣解でなくなった解は廃棄される．計算の終了は母集団の更新回数（世代交代数）を前もって決めておけば自動的に行えるが，非劣解の更新はいつまでも行われる訳ではないので，非劣解集合の更新状況を観測して非劣解の更新が何世代か続いて行われなくなったときに停止する方が効率の良い場合が多い．次節に述べる数値実験では，計算時間の短縮をするために少なめに定めた世代交代数を用いて計算を終了するようにしている[4]．

---

[4] この場合，パレート最適化に要する時間は次式によって示される．
　　総所要時間＝世代交替数×母集団の大きさ（解の数）×GA によって求められたそれぞ

6.3 ● 数値実験

6.3.1 ● 数値実験の計画
主要なデータとして以下のものを用いる．

a. 最終製品とモジュールの包括的構成関係

モジュール在庫の最適配置問題は特定の最終製品とモジュールの包括的構成関係を前提とする必要があり，本数値実験では図 6.4 に示したものを用いる．この場合，数字が太字で示されているモジュールは二つの階層に分かれており，それらを上層モジュール，下層モジュールと呼んで区別する．上層には 8 種類のモジュールがあり，最終製品の直接の構成要素になっている．下層には 9 種類のモジュールがあって中間製品の構成要素になり，それらの中間製品を通して最終製品の構成要素になっている．

b. 最終製品の製造 BOM

最終製品の製造 BOM の概略はいずれの製品についても図 6.5 に示すものを用

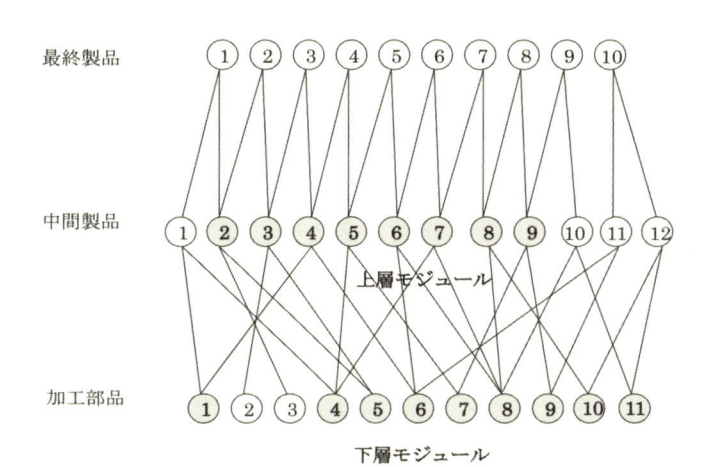

図 6.4 最終製品とモジュールの包括的構成関係

れの解 X が示す条件のもとで実行するシミュレーションの所要時間
なお，GA の計算時間はシミュレーションの所要時間に比べれば無視できる程度に小さい．

```
                        ┌──────────┐
                        │ 最終製品  │
                        └────┬─────┘
                        ┌────┴─────┐
                        │ 組立工程 │
                        └────┬─────┘
              ┌──────────────┴──────────────┐
        ┌─────┴─────┐                 ┌─────┴─────┐
        │ 中間製品  │                 │ 中間製品  │
        └─────┬─────┘                 └─────┬─────┘
    ┌─────────┴─────────┐         ┌─────────┴─────────┐
    │ 加工工程(3工程)   │         │ 加工工程(3工程)   │
    └─────────┬─────────┘         └─────────┬─────────┘
    ┌─────────┴─────────┐         ┌─────────┴─────────┐
    │   組立工程        │         │   組立工程        │
    └─────────┬─────────┘         └─────────┬─────────┘
        ┌────┴────┐                     ┌────┴────┐
    ┌───┴──┐  ┌───┴──┐              ┌───┴──┐  ┌───┴──┐
    │ 部品 │  │ 部品 │              │ 部品 │  │ 部品 │
    └───┬──┘  └───┬──┘              └───┬──┘  └───┬──┘
  ┌─────┴────┐ ┌──┴───────┐      ┌──────┴───┐ ┌──┴───────┐
  │加工工程  │ │加工工程  │      │加工工程  │ │加工工程  │
  │(3工程)   │ │(3工程)   │      │(3工程)   │ │(3工程)   │
  └─────┬────┘ └────┬─────┘      └─────┬────┘ └────┬─────┘
   ┌────┴───┐  ┌────┴───┐          ┌───┴────┐  ┌───┴────┐
   │ 原材料 │  │ 原材料 │          │ 原材料 │  │ 原材料 │
   └────────┘  └────────┘          └────────┘  └────────┘
```

図 6.5 最終製品の製造 BOM

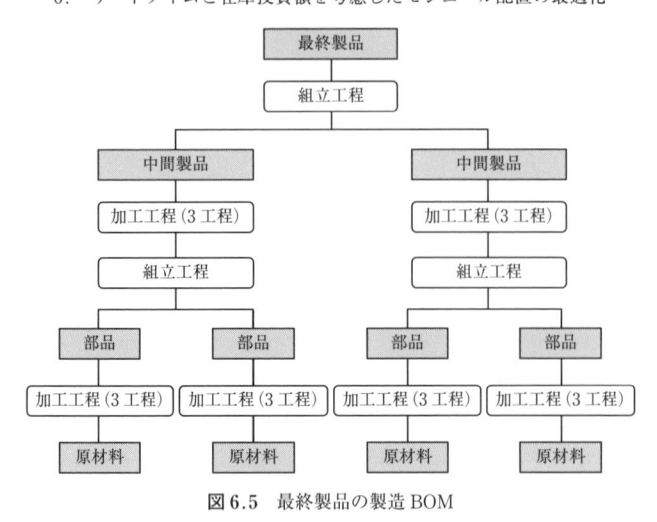

いている.つまり,それぞれの最終製品は2種類の中間製品を組み立てて作られ,中間製品は2種類の加工部品を組み立てて作られ,さらに三つの工程で加工が施される.加工部品はいずれも原材料を三つの工程で加工して作られる.

c. 最終製品の需要パターン

顧客オーダーによって指定される最終製品の需要が示すパターンは中長期的に変化すると考えねばならない.しかし,モジュール在庫の最適配置を求めるに当たっては,それらは変化しないものとする.数値実験では二つのパターンを取り上げ,パターンの最適配置への影響を調べる.パターン間でプロダクト・ミックスは異なるが,設備や作業者の稼働率が変化しないように各製品の平均負荷とそれらの合計は等しく設定されている.表6.1に示すような二つのパターンを用意し,それぞれをパターンⅠ,パターンⅡと名付けて区別する.

d. 在庫投資係数

総在庫投資額を求めるに当たって,本数値実験ではモジュールがいずれもすでに用いられている状況を想定した場合の総在庫投資額を示す式(6.3)を用いる.

表 6.1 最終製品の需要パターン(単位時間当たりの発注量)

最終製品	1	2	3	4	5	6	7	8	9	10	全体
パターンⅠ	0.1	0.05	0.2	0.1	0.05	0.1	0.2	0.05	0.1	0.05	1.00
パターンⅡ	0.3	0.1	0.05	0.05	0.1	0.05	0.1	0.05	0.1	0.1	1.00

パレート最適化ではそれぞれの評価尺度の単位は異なっていてもよいため，在庫投資係数はモジュール間での相対的な大きさを示すことができればよい．もちろん，実際に在庫投資の有効性を評価するためには，在庫投資係数の厳密な算定が必要になる．ここでは，表6.2に示すように上層モジュールと下層モジュールの区別をして設定した係数を2通り準備し，在庫投資係数がモジュール最適配置に

表 6.2 階層別の在庫投資係数

	上層モジュール	下層モジュール
ケース I	2	1
ケース II	10	1

表 6.3 問題の規模とパラメーター

顧客オーダーの到着件数	417 件
初期顧客オーダー数	7 件
顧客オーダーの到着間隔	指数分布
到着当たりの平均顧客オーダー数	4 件
到着当たりの顧客オーダー数の標準偏差	1 件
顧客オーダー到着数の自己相関時系列	
線形自己相関数*	$\begin{cases} \rho(k)=1-(k/L), & k \leq L \\ \rho(k)=0, & k>L \end{cases}$
自己相関が生じる遅れ k の限界 L	3 期**
最終製品の種類	10 種
中間製品の種類	12 種
加工部品の種類	11 種
モジュールの種類	17 種
上層モジュール	8 種
下層モジュール	9 種
発注パラメーター $Max(q)$, $q=1,\cdots,17$ のとり得る値	0〜10 の整数
初期のモジュール在庫	[0.6× 無作為に抽出された Max 値]***
製造現場の平均稼働率	80%
ワークステーション数	14
加工ステーション	12
組立ステーション	2
中間製品の加工経路	ジョブショップ
顧客オーダーの完成に要する総工程数	21 工程
組立工程	3 工程
加工工程	18 工程

* 自己相関関数 $\rho(k)=\phi(k)/\phi(0)$ によって与えられる．ここで，$\phi(k)$ は時系列データ x_t, x_{t+k} 間の共分散を，$\phi(0)$ は x_t の分散を示している．
** 本モデルでは一定間隔の期という概念はなく，指数分布で決定される間隔がいくつ目であるかを表している．
*** 記号 $[a]$ は a より小さくない最小の整数を表している．（例）$[0.6×7]=5$

表6.4 モジュールの通し番号

	上層モジュール								下層モジュール								
モジュールの通し番号	1	2	3	4	5	6	7	8	9	10	11	12	13	14	15	16	17
中間製品の識別番号	2	3	4	5	6	7	8	9									
加工部品の識別番号									1	4	5	6	7	8	9	10	11

及ぼす影響を調べる.

e. その他の諸条件とモジュール番号の付替え

問題の規模とパラメーターを表6.3に示しておく.本章のモデルは前章で用いたものを基本にして拡張したものであるけれども,一つ明らかに異なっている点がある.顧客オーダーの到着が前章では一定の長さを持つ期間の期首に生じ,その到着件数が自己相関を持って変動するものとしたが,本章では到着間隔は指数分布に従って生じ,その時に到着する顧客オーダー数が前章と同様に自己相関を持って変動するように設定している[35]. したがって,モジュールの発注も定期的に行うのではなく,モジュール q の在庫量 I_q が発注パラメーター $Max(q)$ を下回ると直ちに発注が行われるように変わっており,総在庫投資額示す式(6.2)と式(6.3)の差がほとんど生じない設定になっている.

生産工程は少し複雑になっており,部品を作って組み立てる製造現場とそれらをさらに加工して半製品を作り,その半製品を組み立てて最終製品を作る三つの製造現場は分離しており,製造現場間で設備や作業者の共用は行わないという前提のもとでシミュレーションを実行する.

モジュール番号は中間製品と加工部品別に付けられているが,GAによるパレート最適化の過程においてはモジュール間の区別さえできれば十分であるので,いままでの番号に替えて表6.4に示すような1から始まり,17で終わる通し番号をモジュールに付ける.

6.3.2 ● 数値実験の結果

a. パレート最適解

表6.1と表6.2にそれぞれ2通りの製品需要のパターンと在庫投資係数のケースを示したが,数値実験はそれらのすべての組合せである4通りの条件のもとで行われた.それらを,I-I,I-II,II-I,II-IIのように二つのローマ数字の組によって表す.たとえば,I-IIの場合は,在庫投資係数がケースIと製品需

6.3 数値実験

表6.5 パレート最適解の詳細（数値実験 I - II の場合）

解の番号	上層モジュール								下層モジュール									総在庫投資額	平均リードタイム
	1	2	3	4	5	6	7	8	9	10	11	12	13	14	15	16	17		
1	8	0	6	1	0	4	2	2	5	2	0	0	2	2	7	0	0	64	386.00
2	8	0	6	1	0	4	3	2	5	2	0	0	9	2	2	0	0	68	381.42
3	7	0	6	1	0	7	2	2	5	2	1	2	2	2	7	0	0	71	376.76
4	8	0	6	1	0	7	3	2	6	2	1	5	1	2	2	0	2	73	366.89
5	10	0	1	5	0	0	0	9	1	4	3	1	1	2	2	5	0	75	327.60
6	8	6	5	4	2	3	4	1	4	3	3	0	0	8	0	1	0	85	322.07
7	6	2	5	10	4	8	4	0	5	1	0	0	0	1	3	1	0	89	307.31
8	8	6	5	4	0	8	5	1	3	9	0	0	2	1	3	1	0	93	305.16
9	10	9	1	4	3	8	0	4	4	0	1	2	1	1	2	7	0	96	298.28
10	10	9	1	4	3	8	0	4	4	4	4	2	1	1	1	7	0	102	296.07
11	8	9	1	5	3	8	4	4	6	0	10	2	0	0	2	0	0	104	281.79
12	9	6	5	10	2	8	5	0	4	0	9	0	0	8	0	1	0	112	280.16
13	8	9	1	4	3	8	4	8	5	0	5	6	1	1	2	7	0	113	279.86
14	9	6	5	10	4	8	4	1	4	1	8	6	0	1	0	0	0	114	270.61
15	9	6	5	10	4	8	5	1	4	1	3	0	0	8	3	1	0	116	267.99
16	8	6	3	10	4	10	4	5	1	0	0	0	1	3	3	10	0	119	260.26
17	9	6	5	10	2	8	4	10	4	1	3	6	0	1	3	1	0	127	259.46
18	8	9	1	10	4	8	6	8	1	2	2	1	1	6	5	7	0	133	258.80
19	8	6	1	10	10	8	6	8	1	0	4	2	1	5	2	7	0	136	258.00
20	8	6	5	10	4	8	5	10	4	1	3	6	0	8	3	0	0	137	254.88
21	8	9	4	10	6	8	8	8	4	1	5	2	0	6	2	0	0	142	247.00
22	10	9	7	10	3	8	9	8	1	0	4	5	1	2	0	0	0	145	244.00
23	8	6	5	10	10	10	4	10	2	8	5	6	0	8	2	0	0	157	243.99
24	8	10	3	10	10	7	7	10	5	2	1	2	4	6	7	3	0	160	242.01
25	10	9	9	10	10	8	7	8	4	6	5	2	1	1	2	7	0	170	235.09

要がパターンIIの組合せであることを示している．表6.5には数値実験 I - II の結果が，表6.6には数値実験 II - I の結果が示されており，いずれも母集団の大きさが20，世代交代数（母集団の作り替え回数）が50という条件のもとでGAの計算が実行されている．

表の左端の欄には作成された非劣解の識別番号が記されており，表6.5の場合には全部で25個の非劣解が，表6.6の場合には34個の非劣解が求められたことを示している．その欄の右側には解の内容，つまり各モジュールの最適な大きさが，右端の二つの欄にはそれぞれの解に対応する総在庫投資額と平均リードタイムが記されている．総在庫投資額は小さい順に，一方，平均リードタイムは大きい順に並んでおり，片方の評価関数値を増加するともう一方の評価関数は減少するというパレート最適解の特徴がはっきり現れている．

図6.6と図6.7はそれぞれの場合について求められたパレート曲線を示したグラフである．横軸は総在庫投資額を，縦軸は平均リードタイムを示しており，表

6. リードタイムと在庫投資額を考慮したモジュール配置の最適化

表6.6 パレート最適解の詳細（数値実験II-Iの場合）

解の番号	上層モジュール								下層モジュール									総在庫投資額	平均リードタイム
	1	2	3	4	5	6	7	8	9	10	11	12	13	14	15	16	17		
1	0	2	1	0	3	1	1	8	7	10	2	5	2	5	2	4	3	230	454.49
2	3	2	4	1	3	1	0	4	6	0	0	5	2	1	0	8	3	235	426.21
3	3	4	4	1	3	2	0	4	1	1	6	5	5	5	5	3	0	241	401.27
4	3	5	4	1	3	1	1	4	6	10	2	5	5	1	5	3	0	257	393.07
5	3	9	1	1	3	1	1	4	3	10	1	5	5	1	2	3	0	260	391.18
6	3	4	4	1	3	2	4	4	1	1	6	5	2	5	5	3	0	278	375.94
7	1	10	4	1	3	1	1	4	6	10	6	2	2	7	0	3	0	286	371.30
8	3	4	4	1	7	2	1	4	7	9	6	5	5	7	0	4	0	303	367.97
9	4	9	4	1	3	1	1	4	3	10	1	5	2	5	6	4	0	306	363.77
10	10	5	1	0	3	4	0	4	1	10	0	10	5	1	2	8	0	307	328.47
11	3	9	10	1	3	2	1	4	1	1	6	8	2	5	5	3	0	361	328.42
12	3	10	10	1	3	2	1	4	6	1	1	5	2	5	5	3	0	368	324.29
13	4	10	4	1	7	4	1	4	6	10	6	10	2	5	6	4	0	399	323.33
14	4	9	5	1	5	6	1	6	6	0	6	5	5	5	0	3	0	400	314.62
15	6	9	4	1	7	8	1	4	3	0	1	5	1	1	0	5	0	416	308.55
16	1	9	10	1	3	4	6	4	6	6	2	5	2	7	2	3	0	417	308.44
17	3	10	4	1	7	4	7	4	7	10	6	2	2	1	2	3	0	433	306.02
18	3	9	5	1	10	5	6	3	1	7	2	1	0	5	5	7	0	448	299.02
19	0	10	10	1	3	8	7	3	3	6	6	10	1	1	2	5	0	454	292.30
20	0	10	10	1	3	8	7	4	6	0	6	5	1	1	2	5	0	456	286.15
21	3	10	10	1	3	8	9	2	7	0	6	5	2	1	0	5	0	486	283.67
22	3	9	10	1	7	8	7	2	3	8	1	5	1	1	0	5	0	494	279.39
23	1	9	10	1	7	8	7	4	6	0	7	2	9	1	6	5	0	506	277.41
24	4	9	10	1	7	8	7	4	6	0	6	5	0	1	6	5	0	539	271.52
25	4	5	10	7	10	8	7	4	1	0	2	8	9	1	2	5	0	558	270.00
26	6	10	4	1	10	8	7	4	3	10	1	5	2	5	0	0	0	569	268.67
27	3	9	5	7	10	8	7	6	1	0	0	5	9	1	2	3	0	571	265.58
28	3	9	10	1	10	8	7	6	7	5	9	5	5	3	5	3	0	575	264.38
29	6	10	10	1	7	8	7	8	6	0	6	5	1	5	0	5	0	598	263.47
30	3	10	10	1	10	8	7	8	7	0	6	2	5	5	5	5	0	608	258.60
31	6	10	10	7	7	8	7	4	7	0	6	5	2	5	2	4	0	621	255.01
32	6	10	10	7	7	8	7	4	7	10	6	5	2	5	2	4	0	631	253.58
33	6	9	10	7	10	8	7	6	6	10	6	8	5	1	0	3	0	689	250.13
34	4	10	10	9	10	8	7	8	6	4	6	5	1	7	2	5	0	692	243.84

6.5と表6.6の右端の二つの欄に示されている数値の組を一つの点としてプロットすることを繰り返して描かれている．図示されているパレート解は曲線に沿ってほぼ均等に広がっているので，解の多様性は満足できるものになっている．曲線の滑らかさに関しては，母集団の大きさと世代交代数を増加して数値実験を行えば改善の余地はまだある．しかし，GAの解法が持っている性質を考えればほぼ収束していることは間違いなく，非劣解の存在の限界を示すパレートフロンティアはここに描かれた曲線の近傍にあるものと思われる．その意味ではパレート最適化は近似的に実現されているといえよう．数値実験I-I，II-IIについても

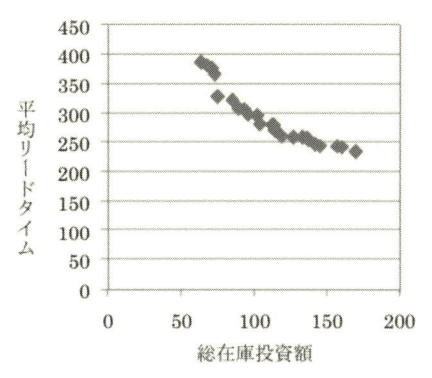

図 6.6 パレート最適解 （数値実験 I - II の場合）

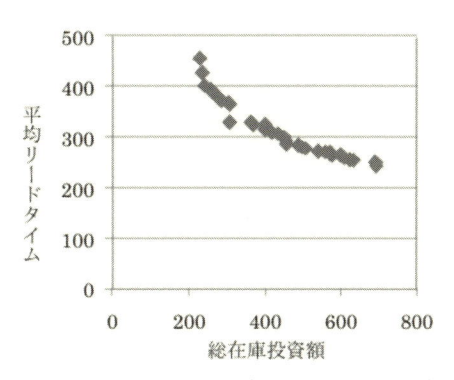

図 6.7 パレート最適解 （数値実験 II - I の場合）

同様の結果が求められている．

b．最適モジュール配置

ところで，実際にモジュールを配置するとし，対象とする製品群が所与としてそれぞれの製品構成が変わらない場合，需要パターンや在庫投資係数の変化はその最適配置にどのように影響するのであろうか．この目的のために二つの需要パターンのそれぞれのもとで在庫投資係数の変化が最適モジュール在庫に及ぼす影響を分析する．ただし，モジュール在庫の変化を調べても一般的な傾向を読み取ることは難しいので，上層モジュールと下層モジュールに分けてそれぞれのモジュール群在庫の動向を分析しよう．

表 6.7 在庫投資係数の変化が及ぼす最適モジュール在庫配置への影響（需要パターン I）

在庫投資係数	上層モジュールの $[R(q)]$								$[R(q)]$ の平均値	下層モジュールの $[R(q)]$								$[R(q)]$ の平均値
	\multicolumn{8}{c}{q}		\multicolumn{9}{c}{q}	
	1	2	3	4	5	6	7	8		9	10	11	12	13	14	15	16	17	
I	4	7	8	3	6	7	6	4	5.82	2	1	3	3	1	3	2	5	0	2.29
II	3	8	7	2	6	5	4	5	5.08	5	4	4	5	3	3	3	4	0	3.57

表 6.8 在庫投資係数の変化が及ぼす最適モジュール在庫配置への影響（需要パターン II）

在庫投資係数	上層モジュールの $[R(q)]$								$[R(q)]$ の平均値	下層モジュールの $[R(q)]$								$[R(q)]$ の平均値
	1	2	3	4	5	6	7	8		9	10	11	12	13	14	15	16	17	
I	8	6	4	7	4	7	4	5	5.66	4	2	3	2	1	3	3	3	0	2.38
II	9	5	3	7	4	6	3	4	4.97	3	6	5	2	2	4	5	8	1	4.02

表 6.7 には I-I から II-I への変化を，表 6.8 には I-II から II-II への変化を分析したものである．各表の中央部に示した数値，つまり $[R(q)]$ は求められた 20 以上の数の非劣解が示す最適モジュール在庫の平均値を求めたうえ，整数値に切り上げたものである．その右側の欄にはそれらの $[R(q)]$ の平均値が示されている．この二つの表から以下のことが分かる．

(1) 在庫投資係数の変化の影響を見る前に，表から読み取れる最適モジュール在庫配置に関する重要な傾向について述べる必要がある．それは，2 対 1 というごく通常の在庫投資係数を表すケース I の場合に，需要パターンの違いにかかわらず最適在庫配置の比重は下層モジュールに比べて上層モジュールが明らかに大きいという点である．平均リードタイムが評価尺度の一つとして取り上げられているから当然であるけれども，在庫投資係数がより大きな上層モジュールであってもその利用を重視するのが良いという指摘がその結果から読み取れる．

(2) 在庫投資係数を 2 対 1 から 10 対 1 に取り替えた II-I，II-II の場合も，モジュール在庫の比重は上層モジュールのものが大きい．しかも，係数比が 10 対 1 という上層モジュールの持っている付加価値がかなり誇張された状況のもとにおいてその関係が成り立っていることは注目に値する．この結果は，上層モジュール利用の戦略的価値の高さを示すものになっているといえよう．

(3) 在庫投資係数の割合が 10 対 1 である II-I と II-II の場合には，下層モジュ

ール在庫の比重は上層モジュール在庫のそれに接近していることも留意する必要がある．この結果は，在庫投資額が潤沢に用意されている場合でも（パレート最適化に当たって在庫投資額の制限は設けられていない），リードタイム短縮のためには下層モジュールもまた大きな役割を持っていることを示している．

(4) 需要パターンの最適モジュール配置に対する影響を見るためには，I–I からI–IIへの変化，II–I からII–II への変化を調べる必要がある．つまり，表6.7と表6.8の投資係数がIの段どうしを，表6.7と表6.8の投資係数がIIの段どうしを比較すればよい．個々のモジュール在庫の大きさに変化が生じたことを示す結果が得られている．これは，パレート最適化によって需要パターンの変化に対応したモジュール在庫の最適値が求められたことを表しており，パレート最適化を定常的に行う場合に必要な基本的な役割が果たされていることを示す結果になっている．一方，$[R(q)]$ の平均値に関しては大きな違いは生じていない．この数値実験では稼働率を80%に保つために，需要パターンの変化には平均負荷に関して大きな変動が生じないように条件を設定しており，その結果が数字に現れている．

6.4 ● 考　察

モジュール在庫のパレート最適化には三つの役割があり，一つは，中短期的な需要変動に対応したモジュール在庫水準を維持するためのものであり，二つ目は中長期的な視点に立って新しいモジュールを導入するためのもの，三つ目もやはり中長期的な視点に立って既存のモジュールの廃止を決めるためのものである．以下にそれぞれについて説明する．

a. モジュール在庫の最適化

リアルタイムに納期見積りが行われ，同時に中短期の生産スケジュールが更新されているという状況がその前提になる．モジュール在庫を保有していれば，顧客の引合いに応じて必然的にそれを利用して納期見積りが実施され，顧客にその結果が回答として通知される．ところで，最適モジュール在庫はすでに述べた通りに発注パラメーターに他ならないから，リアルタイムに変える必要はない．したがって，定期的に最新の需要データを入力して前述した方法によってパレート

最適解を求め，それらに基づき従来用いていた各モジュールの発注パラメーターを参照しながら実際に用いる発注パラメーターを関係者が決めることになる．新しいパラメーターを製造現場で実際に用いる時期に合わせて，リアルタイムにオペレートするシステムのパラメーターを新しいものに取り替える．パレート最適化の計算には時間が掛かるので，需要の変化に遅れない程度の間隔でパラメーターの取替えを行えばよい．

b．新しいモジュールの導入

これは一つのプロジェクトになるため，まずモジュール化によるリードタイム短縮の効果を見るためのシミュレーションを行う必要がある．設計変更の可能性を考えながら，対象にする製品を絞り，どの層のモジュール化が可能であるかについて検討し，いくつかの案のそれぞれがもたらす効果がどのようなものであるかについておおよそ予見できるとよい．比較的需要が大きい製品の中間製品であって他の製品と共用できるものをモジュール化できる場合には大きな効果が期待できる．モジュール化の対象になった製品のリードタイムが短縮されるだけでなく間接的な効果は他の製品にも及び，それらのリードタイムは短くなる．職場全体で現れる効果は，シミュレーションを実施して初めて把握できる．

当然，モジュール化の予算を立てる必要があるが，その額は期待できる効果と見合ったものになろう．しかし，大きな計画が仮に立てられても実際にはいくつかの段階に分けて着実に進めることが望ましい．設計変更の目処が付き，予算もある程度具体化した段階で，何通りかの場合についての式 (6.4) を用いたパレート最適化を通して当面の目標をどの範囲内に留めるかが見えてくるとともに，将来実現される全体像がいかなるものかが明らかになってくるに違いない．

c．既存のモジュールの廃止

開発したモジュールが何年か後に不用になるという事態は十分にあり得る．そのような状況を事前に予想して無用の在庫を作らないことが大切である．そのためには，a. の日常的なオペレーションを実行しながら各モジュール在庫水準の動きをモニタリングする必要がある．パレート最適化の結果選択される $Max(q^*)$ が 0 に近い数値をとることが続くようであれば，そのモジュール在庫の維持は止めるのがよいというシグナルと考え，製品需要の変動傾向を考慮してモジュール q^* の在庫維持の必要があるかないかの判定を行う．必要がないという判定が下されたなら，$Max(q^*)$ を 0 に固定してその後しばらくはその判定が適正であった

かどうかを観測する期間を設ければよい.

　このような判定システムがこれまで述べてきたモジュール化を実現し，維持するシステムの一部として存在する限り，モジュール在庫の陳腐化というモジュール化を進めるうえで生じる大きな気掛かりはもはや不要のものになろう.

6.5 ● ま と め

　複数の製品間で共用できる中間製品であるモジュールを在庫として保有するとリードタイムが短縮されるが，それぞれのモジュール在庫の適正量をどのようにして求めればよいかについて示した．適正さの程度を示す尺度として製造職場で取り扱うすべての顧客オーダーの平均リードタイムとモジュール在庫を保有するために要する総在庫投資額を取り上げて，GA（遺伝的アルゴリズム）とシミュレーションを交互に用いて各モジュールの発注パラメーター $Max(q)$, $q=1,2,\cdots,Q$ のパレート最適解を求めた．総在庫投資額は発注パラメーターのパレート最適解に基づいて求められるその在庫維持費用の総額を取り上げる式とさらにそれぞれのモジュールの開発費用をそれに加えた式を準備し，数値計算では前者の式を用いた.

　数値計算の結果，顧客オーダーの平均リードタイムと総在庫投資額の二つの評価尺度に関するパレート最適解が求められ，それらの解から製品構成において上層に位置するモジュール在庫の保有に重点を置いた在庫配置のあり方が望ましいことが明らかにされている．留意すべき点は，上層に位置するモジュールと下層に位置するモジュールについて2対1の在庫投資係数を持っている場合のみならず，その係数が10対1という上層のモジュールが持つ付加価値を極めて高く評価した場合においても前述した結果が示されているという点であり，この結果は製品構成の上層でのモジュール在庫保有のリードタイム短縮における効果の大きさを示している.

　最後に，モジュール化を進めるうえで障害になるモジュール在庫の陳腐化リスクを回避するモジュールのシステム的管理法について述べた.

● Q&A （5）

Q　パレート最適化の結果求められた非劣解の最適性と多様性の関係につい

て知りたいのですが．

A　2目的関数のパレート最適化をGAによって行う場合について述べます．この場合，計算の開始時には二つの評価尺度によって与えられる平面中のどこにパレート曲線があるかは分からないのですが，非劣解の生成を繰り返していく過程でそれが徐々に見えてくるというのが現実です．非劣解の入替えができなくなったときにそれまでに求められた非劣解によって描かれているものがパレート曲線ですから，曲線に沿った非劣解は最適解であるといってもよいことになります．しかし，求められているすべての非劣解が曲線上にある訳ではありませんので，厳密にいえば一部のものは最適解とはいえないのですが，それらを含めて最終的に求められたすべての非劣解が通常パレート最適解と呼ばれています．

　興味深いことですが，パレート最適解が求められたとしても，多様性を持っているかどうかはそれらを利用する人の判断によって異なります．求められた最適解がいずれも似ていて意思決定の参考にする情報として不十分であると判断されるならば，多様性があるとはいえません．多様性は最適性と違って非劣解の生成をただ繰り返すだけでは高まらないので，それぞれの非劣解を生成する際に似通った非劣解を作らないようにする方策を用いなければなりません．いま述べた通り，最適性は個々の非劣解についての性質ですが，多様性は求められた非劣解全体が持っている性質を指したものといえます．

第7章 仕様未確定オーダーの納期見積りとスケジューリング

7.1 ● 仕様が未確定の顧客オーダーを対象とした納期見積り

　受注生産においては，顧客オーダーのデータが用意できてないために納期見積りが行えないという状況がある．データ不備の状況は様々なものがあるが，一般的なものは受注が決まっている製品の一部の構成品について仕様が何らかの理由により未確定であり，納期見積り時にその時期は不明であるけれどもいずれ仕様が確定するというものである．この場合にも，他のオーダーと同様に取り扱ってスケジューリングを実施し，その結果を用いて納期見積りを行うとともに，納期決定後も仕様未確定オーダーを含むすべてのオーダーを対象としてスケジュールの更新を行うことができるならば様々な利点がもたらされる．最も大きな利点は，それができない場合に生じ得る他のオーダーの見積り納期やスケジュールの精度の低下が避けられるという点が挙げられる．本章では，新規到着オーダーの中に仕様が未確定の顧客オーダーがあっても，他のオーダーと同様に納期見積りとスケジューリングを実施する具体的な方法を，設計と製造の一元的管理を行うという視点に立って述べる[7.13]．

　ところで，顧客は仕様が未確定の段階でどうして発注を行うのか．それはできる限り早い納期の確約を望むことに理由があろう．しかし，顧客がそのために発注の時期を早めても早い納期が保証されるとは限らないし，製造業者が発注時期の早さに応じて早い納期を決定するならば，仕様の確定後に発注を行う顧客との間で取扱いに差が生じることになる．仕様未確定のオーダーを発注する顧客も，オーダーを受注して納期を確定する製造業者も，発注と受注に関して一貫した合理性が求められなければならない．

　確かに，仕様確定に先だって発注を行う理由について説明ができる状況はいく

つかあるように思える．それは以下のものである．
(1) 仕様未確定の構成品の仕様が決まるまでにその仕様に影響を受けることのない他の構成品の生産に取り掛かることができ，その構成品の生産期間が仕様未確定の構成品の生産期間より長いと考えられる場合．
(2) 仕様未確定の構成品の仕様によって影響を受けない他の構成品の生産に必要な資材（とくに原材料）が特殊なものであり，その調達に長い時間を要する場合．
(3) 仕様未確定の構成品の生産に用いる資材（とくに原材料）が特殊なものであってその調達に長期間を要することが分かっており，資材の種類が仕様決定の結果次第で変わることがない場合．

しかし，仮に仕様未確定オーダーの発注に合理性があっても，仕様決定にあまりにも多くの時間を要するようなことが起きると状況は変わり，当初合理的と思われた発注や受注がそうではなくなってしまう．したがって，想定外の状況が起きないようにするためのモニタリング機能をいままで取り上げてきた納期見積り/生産スケジューリング法を用いるシステムが併せ持つようにする必要があるし，顧客の都合で納期遅れが生じることが予想される場合には製造業者から納期変更の必要性を提示できることが望ましい．

この機能は仕様確定オーダーを取り扱っている場合であっても望まれるものである．すでに受注済みのオーダーであっても顧客の都合で仕様変更が生じることが往々にあるからである．その影響が納期にどのように影響するかについて分析し，場合によっては納期変更を顧客の了解のもとで行う必要が生じよう．この意味で，本章において受注生産状況下でごく普通に生じる問題が取り上げられると考えてもおかしくない．

7.2 ◯ 仕様確定過程のモデル化

7.2.1 ● 仕様未確定オーダーの定義

本書ではこれまで顧客オーダーの到着とともに納期見積りを行ってきた．つまり，納期見積りを行うために必要なデータはすべて整っていることを前提としてきたということになる．本章ではこの前提はなくなるため，"顧客オーダーの到着"の意味をより正確に述べなければならない．

7.2 仕様確定過程のモデル化

通常，顧客から引合いがあり，営業部門は顧客の望んでいる製品が過去に生産したものでないことを確認の後，設計部門に顧客の要望を伝え，その製品の基本設計を依頼する．その出来上がった図面に基づいて，おおよその価格と納期が見積られ，それらの見積り結果とともに製品の仕様が顧客に伝えられる．顧客はその回答にほぼ満足しているものの，製品が用いられる状況をいま一度考慮するために仕様の一部についてはしばらく検討したい旨伝えるとともに，なるべく早い時期の納入を望む旨通知してきたとする．営業部門は直ちに顧客との詳細な打合せに入り，その結果，両者の間で契約が取り交わされ，設計部門でその製品の詳細設計が行われる．詳細設計の終了と同時に，生産技術部門で製造に必要なデータが整備され，BOM（製品構成）に加えて各作業の手順と所要時間が設定され，いわゆる製造 BOM（M-BOM）の用意ができたという状況に至る．

この状況が前述した"顧客オーダーの到着"である．しかし，仕様の一部が未定であるためにこれまで述べてきたような納期見積りを行うことはできない．そこで，仕様の一部が未定という認識をまずモデル化し，そのモデルを用いて納期見積りが実行できる状況を考える．

まず，製品をいくつものコンポーネントから構成された集合体として眺める．おそらく，規模の点を除けば，いかなる製品も一般性を持って図 7.1 のように表せる．一つの三角形は最終製品（レベル 0）あるいは親コンポーネントとその子供コンポーネント（0 以外のレベル）から構成されたファミリーを表しており，そこには親子関係と兄弟関係が存在する．いま，個別生産の状況を仮定していずれのコンポーネントも標準品ではなく新たに作られるものとする．これは説明を

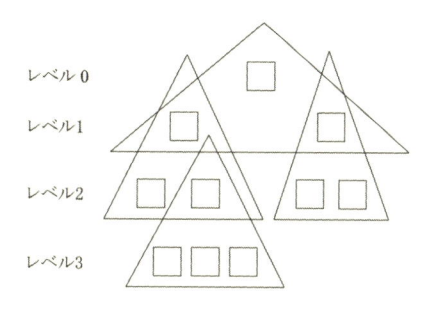

図 7.1 BOM のコンポーネント表現

7. 仕様未確定オーダーの納期見積りとスケジューリング

```
レベル0
レベル1
レベル2
レベル3
```

□ : 仕様確定コンポーネント
■ : 仕様未確定コンポーネント

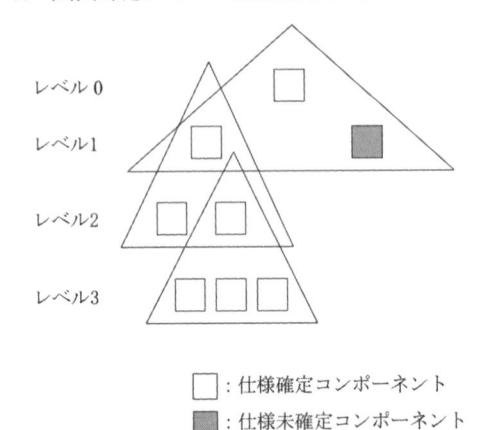

図 7.2　一部のコンポーネントが仕様未確定の場合

簡単にするための便宜上のものであり，実際には標準品が使用されることがあっても構わない．すべてのコンポーネントの仕様が確定していれば，まずレベル0の親コンポーネント，つまり最終製品の生産指示が出され，続いてレベル0の子供コンポーネントの生産指示が出されよう．さらに，レベル1の子供コンポーネントの生産指示が出され，以下同様に各レベルの子供コンポーネントの生産指示が出されて最終的に BOM に示されたすべての子供コンポーネントの生産指示が発令される．

一方，仕様未確定のコンポーネントがある場合は生産指示の発令には条件が付く．図 7.2 はコンポーネントの一部が仕様未確定である場合を表している．この場合，兄弟関係にあるコンポーネントの仕様の確定ができるならば，上記したものと同様にレベル1，2，3の各コンポーネントについて生産指示を出すことができる．つまり，レベル1の兄弟関係にあるコンポーネント間には仕様の独立性があるということになる．もし，兄弟関係にある二つのコンポーネント間に仕様の独立性がなければ，もう一つのコンポーネントも仕様未確定という取扱いになる．図 7.2 の場合にそうであれば，レベル1には他にコンポーネントがないからすべてのコンポーネントについて生産指示が発令できなくなり，その製品のオーダーを発注あるいは受注する意味はなくなる．いま述べたコンポーネント間の独立性を「BOM を構成する兄弟コンポーネント間の仕様独立性」と呼ぶ．

7.2 仕様確定過程のモデル化　　　　　　　　　　　　　　　121

独立性についてはもう一つの場合がある．それは，親コンポーネントの子供コンポーネントからの仕様独立性であり，子供コンポーネントの仕様の影響は親コンポーネントの仕様に影響を及ぼさないというものである．実際には，製品の設計段階ではこの独立性が認められないことがあろう．本章では製品の仕様の一部が未確定でありながらその製造を行うという実際に存在する問題を対象とするため，この独立性の存在を前提とすることになる．これを「BOMを構成する親コンポーネントの子供コンポーネントからの仕様独立性」と呼ぶ．

7.2.2 ● 時間経過と仕様確定時刻について

図7.3はBOM中の未確定コンポーネントが異なった階層に同時に存在する状況を描いたものである．このように複数の未確定コンポーネントがある場合に，それらの確定に要する時刻についてそれらの間で何らかの従属性があると考えられる．設計の観点からすると十分あり得る事柄であると思われるが，製造の立場からすれば複数の未確定コンポーネントが逐次確定していく場合も，同時に確定する場合もその確定時刻に関係なく対応しなければならない．それゆえ，確定過程のモデルとしては，納期見積りを実施する時点において仕様未確定コンポーネントの仕様確定時刻はいずれも未知として何の情報も持っていないことを前提とする．

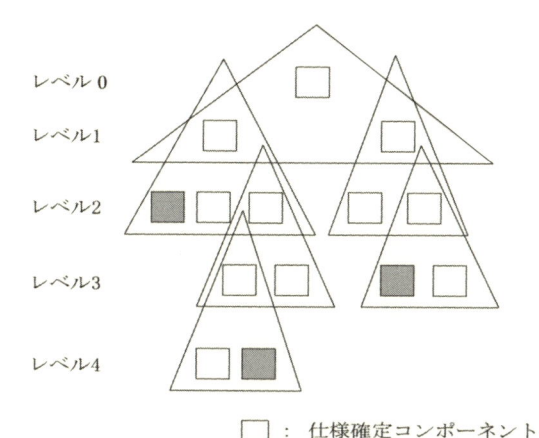

図7.3　異なった階層に属する仕様未確定コンポーネント

いま、仕様未確定オーダー i について m_i 個の未確定コンポーネントがあり、それらの確定に要する時間をクリアタイムと呼び、それらを

$$CT_{ij}, \quad j=1, 2, \cdots, m_i$$

によって表すことにしょう。したがって、それらの時刻 T_{ij} は次式によって示すことができる。

$$T_{ij}=E_i+CT_{ij}, \quad j=1, 2, \cdots, m_i \tag{7.1}$$

ここで、E_i は仕様未確定オーダー i の納期見積り実施時刻である。したがって、CT_{ij} の増加順に未確定コンポーネントは確定し、最終的に時刻

$$T_{ij}{}^{max}=max_j\{E_i+CT_{ij}\}, \quad j=1, 2, \cdots, m_i \tag{7.2}$$

において仕様未確定オーダー i は仕様確定オーダーに変わる。記号 $max_j\{\ \}$ は括弧内の値が j を取り替えて最も大きなものを選ぶことを表している。

通常、BOMの上層にある仕様未確定コンポーネントであればあるほど仕様未確定の程度が大きくなり、仕様確定に要する時間、つまりクリアタイムは、長くなる可能性が高いように思われるが、前述したようにこの仕様確定時刻のモデルではそれらの時刻の予見はとりあえず一切考えない。

7.3 ◯ 仕様未確定オーダーの納期見積り

7.3.1 ● 長納期バッファの利用

仕様が確定している顧客オーダーと仕様が未確定の顧客オーダーが混在している状況を前提とした納期見積りの方法について考える。基本的には仕様確定オーダーを対象とした納期見積りの方法を用いることになるが、仕様未確定オーダーに関しては若干の修正が必要である。2章で述べたように、本書でこれまで繰り返し取り扱ってきた納期見積り/生産スケジューリング法を用いる場合、シミュレーションによって顧客オーダーの完了時刻を見積り、それにある大きさの納期バッファを加えてその顧客オーダーの見積り納期とした。

この納期見積り法の特徴は、それぞれの顧客オーダーに与えられた納期バッファが協働してスケジューリング・システムの融通性を高め、すべての顧客オーダーの納期が守られるようにスケジュールを作るところにある。これは、各顧客オーダーの作業の進捗につれて納期バッファが消費され、その値が0に近付くとその顧客オーダーが優先的に処理されることによって行われる。そのために、納期

7.3 仕様未確定オーダーの納期見積り

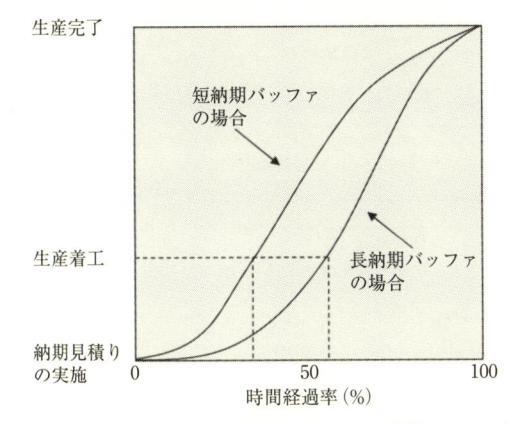

図7.4 短納期バッファを持つ顧客オーダーと長納期バッファを持つ顧客オーダーに見られる進捗の違い

バッファの初期値が長い顧客オーダーと短い顧客オーダーが混在している場合，短い初期納期バッファを持つ顧客オーダーは長い初期納期バッファを持つ顧客オーダーに比べると早期に生産が着工され，また生産完了の状態に早く近付く傾向が見られる．

図7.4はその傾向をやや誇張して図示したものである．縦軸は進捗状況を，横軸は進捗状況の生じる時刻の時間経過率を示している．時間経過率は次式によって与えられる．

$$時間経過率 = \frac{(進捗状況の発生時刻 - 納期見積り実施時刻)}{(生産完了時刻 - 納期見積り実施時刻)} \quad (7.3)$$

ここで，進捗状況の発生時刻とはある状態の発生時刻，たとえば，生産着工や最終組立準備終了というような各顧客オーダーについて共通して見られる状況の生じる時刻をいう．図7.4に示されるように，その初期値の短い納期バッファを持つ顧客オーダーは，長い納期バッファを持つ顧客オーダーに比べて，生産着工などのオーダー間で共通して見られる状況が生じる時刻の時間経過率は小さくなる傾向がある（2章参照）．

本書で用いている納期見積り/生産スケジューリング法が持っているこの特徴は，いま取り上げた問題に利用できる．それは，仕様未確定オーダーには仕様確定オーダーに比べて大きい初期納期バッファを与えるというものである．加工の

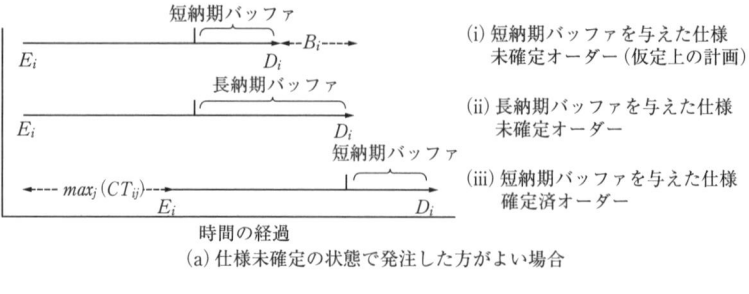

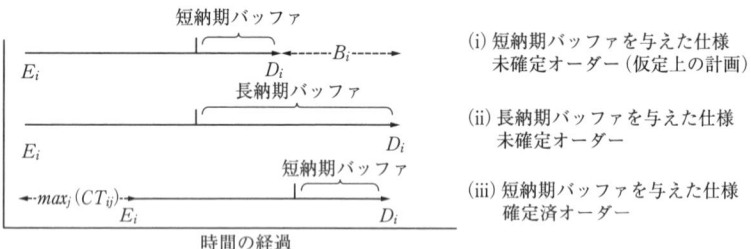

図 7.5 仕様未確定の状態で発注することの利点の有無
$max_j(CT_{ij})$：最大クリアータイム，B_i：長納期バッファと短納期バッファの差，D_i：納期，E_i：納期見積り実施時刻

開始時期が遅らされるために，仕様未確定コンポーネントの確定時刻までの時間であるクリアータイムが長くても，仕様未確定であるために作業ができないという事態を回避できる可能性が高くなる．

この場合に，一つの疑問が生じる．長納期バッファを用いた結果として納期が遅く設定され，仕様未確定の状態で発注を行う顧客の利点が失われるのではないかというものである．顧客が仕様未確定オーダーを発注する場合，仕様の確定までに要する時間が不明であるために事前にその程度を推定することは難しいが，すべてが順調に進行するという前提のもとでその良し悪しを考えることは可能であり，製造業者は仕様確定後に発注するより顧客にとってどれだけ利があるかを判断したうえで，仕様未確定オーダーを受注することが望ましい．

図 7.5 は，その判断が正しく行われるようにするために役立つ長納期バッファの初期値とすべてのコンポーネントが確定するまでの時間である最大クリアータイムの関係を示したものである．(a)の図は顧客にとって利点がある場合を，(b)の図は利点がない場合を示している．それぞれの場合の(i)においては仕様未確

定オーダーに短納期バッファを与えて見積った納期が参考のために示されている．(ii)においては仕様未確定オーダーに長納期バッファを与えて見積った納期が，(iii)においては仕様未確定オーダーが確定後に短納期バッファを与えて見積った納期が示されている．つまり，最大クリアータイムが長納期バッファの初期値と短納期バッファの初期値の差を超える，少なくともある程度は超えるようでなければ，仕様未確定オーダーの受注を製造業者はするべきではないことを図7.5は示している．別の表現をすれば，長納期バッファの初期値はあまり大きく設定しないようにする必要がある．結局のところ，最大クリアータイムの予測がある程度できることが前提になり，仕様確定に納期バッファの限度と短納期バッファの差を超える時間を要すると思われない限り，仕様未確定オーダーの納期見積りをする意味はないという結果になっている[*1]．なお，原材料の調達期間（7.1参照）は顧客オーダーの完了見積り時刻に反映されているものする．

7.3.2 ● ダミー・コンポーネントの利用

すべての顧客オーダーの仕様が確定している場合には，顧客オーダーの到着時にBOMとM-BOMがすでに用意されているという状態のもとで納期見積りが行われた．ところが，仕様未確定オーダーが到着した場合は，BOMもM-BOMも不完全な状態のままで納期見積りを行わねばならない．つまり，用意されているデータとどのコンポーネントのデータが不足しているかを示す情報だけを用いて納期見積りを開始することになる．用意されたデータのみを用いて納期見積りを行った場合，求められた見積り納期は実際の納期よりも当然早いものになり，それは将来修正される暫定的納期と見なされる．一方，求められたスケジュールは将来変わることはあっても，それぞれの時点においては決定されたスケジュールは製造現場にとっては正規のものであり，実際の加工や組立はそれをもとにして行われる[*2]．もちろん，仕様未確定コンポーネントの使用が予定されている組立作業は必要な資材が揃わないので開始されることは有り得ないが，仕様未確定

[*1] 納期バッファは一定値を超えると納期短縮の効果がなくなることは分かっているので，製造業者は事前にその限度をシミュレーションによって確かめておく必要がある．詳細については，2章を参照されたい．

[*2] 納期見積りに際して作成される生産スケジュールは中短期的な計画であり，製造現場のスケジュールとは別のものである．しかし，製造現場のスケジュールは中短期的スケジュールの現時点から数日先までの部分に基づいて日々作成され，作業はそれに従って行われる（4章参照）．

オーダーが対象として一部含まれている場合も，仕様確定オーダーのみを対象としているスケジュールと基本的には同じように取り扱われる．

仕様確定オーダーと異なるのは，不確定コンポーネントの一部が確定したときに新規顧客オーダーの到着という取扱いを受け，BOM と M-BOM の修正の結果もたらされた追加データを用いてスケジュールが更新され，見積り納期がそれに伴って修正されるという点である．ある仕様未確定オーダーのすべての不確定コンポーネントが確定したとき，それは仕様確定オーダーになるので，その時点で求められた納期が正式の見積り納期になる．いま述べた仕様未確定オーダーの取扱いは，おそらく製造現場で実際に行なわれているものに似ていよう．これを，仕様未確定オーダーの取扱い法の一つと考え，"自然回復法"と名付ける．この自然回復法は一見問題がないように見えるが，実際には決してそうではない．

現在処理をしている顧客オーダー中に占める仕様未確定オーダーの件数がごく少数であれば，それらが他の顧客オーダーに及ぼす影響は限定的であると思われるが，そうでない場合には影響は少なくない．なぜならば，自然回復法は計画の対象になっている期間中の作業負荷を実際に生じるものよりも小さく見積ることになるからである．その結果として，実際には計画されたものより大きな負荷が生じ，生産能力に余裕がない場合には製造現場は過剰の負荷を抱えることになり，顧客オーダーの納期のいくつかはその遵守が難しくなる[*3]．

自然回復法に代わる方法は，仕様未確定コンポーネントに対して計画段階に限定して用いる仮のコンポーネントを想定するものである．顧客が検討中であるとしても製品の全体像はほぼ分かっているから，設計部門で仮のコンポーネントを想定し，BOM と M-BOM を計画段階に限定して完全なものにしておく．計画段階だけという意味は，まず仕様未確定オーダーのスケジュールを含む製造職場全体のスケジュールを作ってその納期を見積り，すべての顧客オーダーの進捗や新規の顧客オーダーの到着につれて全体のスケジュールとともに仕様未確定オーダーのスケジュールを更新していくということである．そして，仮のコンポーネントが計画上生産が実施される時期が近付いても，その生産指示が発令されることはないという意味に他ならない．

仮のコンポーネントをダミー・コンポーネントと呼び，その方法を"ダミー・

[*3] 自然回復法は生産能力の柔軟性を前提とした方法であると考えるならば，経済性を無視する限りにおいてそれなりに筋の通った方法であるといえよう（1.3.2参照）．

コンポーネント法"と名付けることにしよう．自然回復法を用いる場合には，仕様未確定コンポーネントの負荷をゼロとして計画するのに対し，ダミー・コンポーネント法の場合はある程度は実際に生じる負荷に近いものを想定するため，後になって過剰の負荷が生じて他の顧客オーダーの納期遅れを誘発するようなことは避けられる．ダミー・コンポーネントのための BOM と M-BOM のデータを準備する労力と時間が無駄になるような印象を与えるかもしれないが，仕様未確定コンポーネントが確定したときにデータの準備に費やす時間は多くの場合に短縮され，より早い時期にコンポーネントの確定を製造部門に通知でき，その仕様未確定オーダーの納期見積りと全体スケジュールの更新がより早くできるという利点はその無駄を補って余り有るに違いない．

7.3.3 ● 理想クリアータイムの見積り

仕様未確定コンポーネントの確定に要する時間であるクリアータイムについては何の情報も事前に持てないことはすでに述べたが，ダミー・コンポーネントを用いて納期を見積った後，その納期を実現するためにはいつまでに仕様未確定コンポーネントの確定が望まれるかを知ることができる．これは，自然回復法にはないダミー・コンポーネント法の大きな利点であり，顧客はその時期を知ることにより，それまでに仕様を確定して見積り納期の実現に寄与できる．製造会社の設計部門や生産技術部門にとってもその時期に合わせてデータを準備できるという利点が生じる．

いま，望ましいクリアータイムである"理想クリアータイム"を

$$CT_{ij}(\gamma_i), \quad i \in IU, \quad j=1,2,\cdots,m_i$$

によって表す．ここで，γ_i は納期バッファの初期値を決める係数，IU は仕様未確定オーダーの集合，m_i は仕様未確定オーダー i の未確定コンポーネントが m_i 個あることを示している．これに納期見積り実施時刻 E_i を加えて時刻に変換すると次式のようになるが，これを"未確定コンポーネントの理想確定時刻"と呼ぶ．

$$T_{ij}(\gamma_i) = E_i + CT_{ij}(\gamma_i), \quad i \in IU, \quad j=1,2,\cdots,m_i \tag{7.4}$$

なお，この仕様未確定オーダーの見積り納期は次式によって示される．

$$D_i(\gamma_i) = ET_i + \gamma_i DB, \quad \gamma_i > 0 \tag{7.5}$$

ここで，ET_i は仕様未確定オーダー i の見積り作業完了時刻であり，DB は仕様

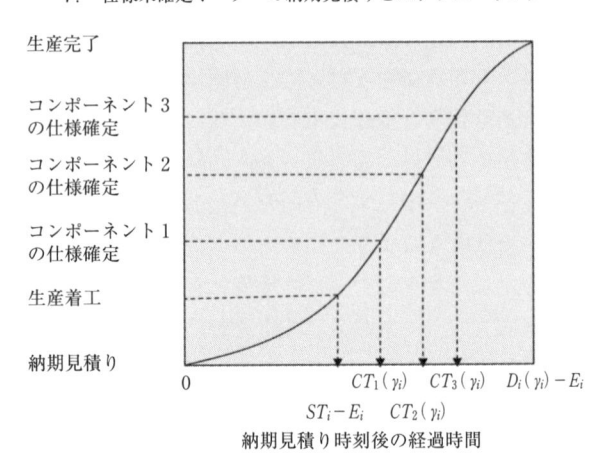

図7.6 パラメーター γ_i の関数としての未確定コンポーネントの理想クリアータイム

確定オーダー共通の初期納期バッファの大きさである．つまり，納期はパラメーター γ_i の関数として与えられ，納期が与えられるとそのオーダーの生産スケジュールも定まり，それぞれの未確定コンポーネントの理想クリアータイムや未確定コンポーネントの理想確定時刻もパラメーター γ_i の関数として与えられることになる．図7.6は生産スケジュールが示す各事象とその発生時刻の関係をなめらかな曲線によって表したもので，いま述べた関係がスケジュールによって与えられることを示している．パラメーター γ_i が変化すると，曲線は異なったものに変わり，各事象の発生時刻はそれに応じて変化する．

7.3.4 ● 未確定コンポーネントの確定に伴う見積り納期の修正

この納期見積り/生産スケジューリング法を用いる場合には，通常，顧客オーダーの完了時刻は見積り納期に収束する．つまり，新規顧客オーダーのスケジュールは既存顧客オーダーの納期遵守を最優先して作成され，既存顧客オーダー間では残存納期バッファの小さいオーダーを大きいオーダーに優先する処理が行われる．その結果として，既存顧客オーダーの完了が納期に遅れることのないスケジュールが作られる．

仕様未確定オーダーの収束の仕方は仕様確定オーダーのものとはやや異なる．この場合には，複数の仕様未確定コンポーネントがあれば，見積り納期自体が前

7.3 仕様未確定オーダーの納期見積り

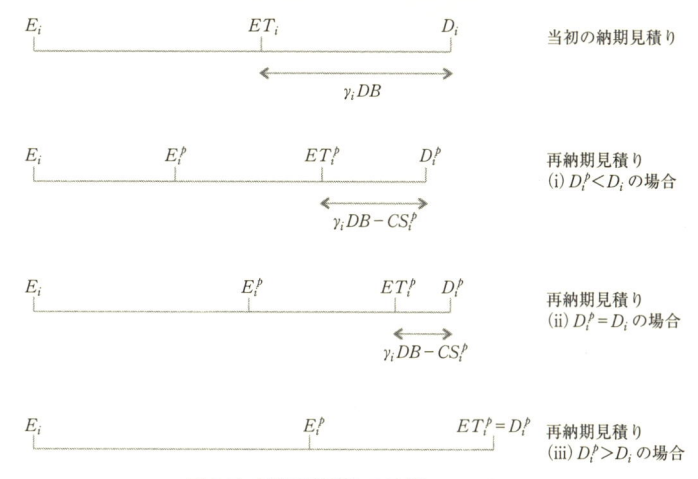

図 7.7 納期再見積りの結果について

E_i：当初納期見積り実施時刻，ET_i：当初の見積り完了時刻，D_i：当初の見積り納期，$\gamma_i DB_i$：初期の納期バッファ，E_i^p：再納期見積り実施時刻，ET_i^p：再納期見積り実施時の見積り完了時刻，D_i^p：再見積り納期，$\gamma_i DB_i - CS_i^p$：再納期見積り実施時の残存納期バッファ，CS_i^p：再納期見積り実施時までに消費したバッファの大きさ

後に動きながらある値に収束していくことが生じ得る．たとえば，クリィティカル・パス[*4]を構成する仕様未確定コンポーネントの仕様の確定が理想クリアータイム以内に終了する場合に，より早い時刻における顧客オーダーの完了が予想される．一方，クリィティカル・パスを構成する仕様未確定コンポーネントの仕様の確定が理想クリアータイムを超える場合には，最後に求められた見積り納期より早い顧客オーダーの作業完了は難しくなる．

仕様未確定オーダーのための納期の再見積りには次式を利用する．

$$D_i^p(\gamma_i) = ET_i^p + max\{(\gamma_i DB - CS_i^p), 0\} \tag{7.6}$$

ここで，ET_i^p は仕様未確定コンポーネントの最新の確定時刻である現時刻における顧客オーダー i の見積り完了時刻，CS_i^p は最初の納期見積り実施時刻 E_i から現時刻までの間に消費された納期バッファの大きさである．つまり，$(\gamma_i DB - CS_i^p)$ は残存納期バッファを示している．記号 $max\{a, b\}$ は a，b のうちの大きい値を表している．本書で用いている納期見積り/生産スケジューリング法を用い

[*4] M-BOM に基づいて決まる顧客オーダーの生産リードタイムに影響するコンポーネントのつながり．

ている場合，$(\gamma_i DB - CS_i^p) \geq 0$ の関係が通常成立する．個々の計算結果から，$D_i^p(\gamma_i)$ が当初の顧客オーダー i の見積り納期 D_i に比べていかに変化したかが分かる．納期の再見積りの結果は，三つの場合に分けられる．

（ⅰ）$D_i^p < D_i$ の場合

仕様未確定コンポーネントのクリアータイムが理想クリアータイムより小さくなってその確定時刻が予定より早くなった場合に生じる．この場合には，見積り完了時刻 ET_i^p は当初の見積り納期より早く生じており，残存納期バッファ $(\gamma_i DB - CS_i^p)$ が十分残っている．

（ⅱ）D_i^p が D_i にほぼ等しい場合

当初の顧客オーダー i の見積り完了時刻に見合った仕様の確定・設計・生産準備・生産が行われている場合であり，当初の見積り納期が維持されている．

（ⅲ）$D_i^p > D_i$ の場合

仕様未確定コンポーネントのクリアータイムが理想クリアータイムより大きくなって，仕様確定時刻が予定より遅れた場合に生じ得る．その結果，見積り完了時刻 ET_i^p は当初の見積り完了時刻より遅くなり，残存納期バッファはゼロになっている．

これらの結果の取扱いは，仕様未確定コンポーネントがまだ残っている場合とすべての仕様未確定コンポーネントが確定して仕様確定オーダーになった場合とで変える方がよい．前者の場合には，今後も変動があり得るのでその結果をそのままにして，次の見積り結果が出るまで待つべきである．後者の場合は，製造部門で検討してその対応を決めることが望ましい．納期を早めることが可能な場合は，顧客との情報共有の後に結論を出せばよい．遅れる場合は，遅れが大きなものでなければ，生産実施時に残業などの手段により遅れの回復を図る対応が選ばれよう．それが大きな場合は顧客との情報共有の後に納期変更を行うことになるが，この事態は本来避けるべきであって再発を防ぐためのシステムを設けてその対策を講じる必要がある．

7.4 ● 仕様未確定オーダーを含むすべてのオーダーの取扱い

7.4.1 ● システムの概容

これまで，仕様未確定オーダーに焦点を合わせてその定義を示し，納期見積り

7.4 仕様未確定オーダーを含むすべてのオーダーの取扱い

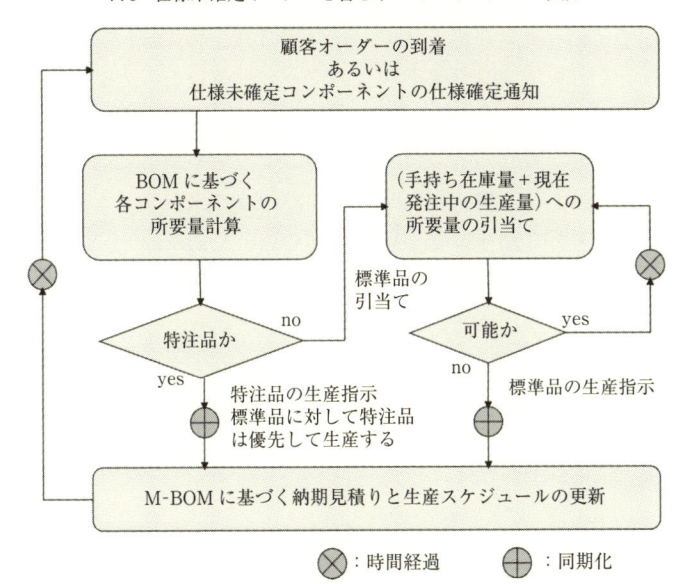

図 7.8 仕様未確定オーダーを含むすべての顧客オーダーの処理システム
特注品：特注コンポーネント，標準品：標準コンポーネント，手持ち在庫量：標準コンポーネントの現物在庫量，現在発注中の生産量：標準コンポーネントの計画在庫量

の方法について述べてきた．ここでは，仕様未確定オーダーを含むすべての顧客オーダーを対象としたシステムの全体の概略を述べ，仕様確定オーダーと仕様未確定オーダーが混在する状況のもとでどのようにしてそれぞれの顧客オーダーの納期が見積られ，生産スケジュールが更新されていくかについて説明する．

図 7.8 はシステムの全容を示している．いままでと同様に，ここで取り上げているのはシステムの機能を説明するモデルであり，現実のシステムを示すものではない．このシステムは 2 種類の事象，つまり，顧客オーダーの到着と仕様未確定コンポーネントの確定通知をトリガーとして作動する．

7.4.2 ● 用語と諸機能の説明
a. 仕様確定オーダーと仕様未確定オーダーの違い

本章の冒頭で述べたように，すべての顧客オーダーについて BOM データと M-BOM データが準備されており，見かけ上は両者の区別はなく，ただ仕様未確定オーダーのコンポーネントはダミー・コンポーネントであるという点が異なっ

ている．顧客オーダーはコンポーネントに分解され，ダミー・コンポーネントにはダミーであることを示すフラグが付いており，常にその識別は可能である．

b．特注品と標準品の違い

個別生産とはいえ，製品の一部は特注品のコンポーネントと標準品のコンポーネントから構成されている場合があり，標準品のコンポーネントは複数の製品に共通のものであるとともに使用頻度がある程度高いものを指す．したがって，標準品のコンポーネントは見込生産の対象になり得る．一方，特注品のコンポーネントは特定の顧客オーダーのために作られるものであり，見込生産の対象にはならない．ダミー・コンポーネントは特注品のコンポーネントと見なされる．それらの生産に当たっては，特注品は標準品に対して優先して作業が行われる（5章参照）．

c．特注品の生産指示

新規に到着した顧客オーダーのための特注コンポーネントの生産指示が出される．製品も一つの特注コンポーネントとして他のコンポーネントと同様に取り扱われる（図7.1レベル0参照）．BOMに基づいて当該オーダーのコンポーネント間の生産順序が与えられ，さらにM-BOMに基づいて各コンポーネントを構成する部品の加工設備・加工方法・加工時間また組立ステーション・組立方法・組立時間など納期見積りに必要なデータが準備される．所要量は加工時間・組立時間の設定に当たって利用される．

仕様未確定オーダーのコンポーネントの仕様確定が通知された場合は，当該コンポーネントに関して他の仕様確定コンポーネント同様に必要なデータが準備され，ダミー・コンポーネントのデータに代わって，そのコンポーネントが属する顧客オーダーのデータ・セットに新しく準備されたデータが加えられる．

d．標準品の引当て

新規に到着した顧客オーダーの標準コンポーネントの引当て指示が出される．該当する標準コンポーネントの手持ち在庫と発注中在庫の引当てが行われていない量から所要量が差し引かれる．不足がない場合は，引当てが終了する．不足が生じた場合は，その不足分は特注品として発注する[*5]．また，発注中在庫への

[*5] 標準品を見込生産として作る場合，生産時期が遅れる可能性があるため，不足品に関してはその遅れを避けるために特注品として取り扱う．その場合の特注品の取扱いは図7.3に記されていない．

引当てが行われた場合も，その発注は特注品扱いになる．

e. 納期見積りと生産スケジューリングの更新

新しく用意されたデータと現在仕掛り中の顧客オーダーのデータを用いて，新規到着オーダーの納期見積りとデータが追加された仕様未確定オーダーのための納期の再見積りが実施される．その時に，スケジュールの現時点以前に予定されていた部分は実行されたものとしてそのデータは取り除かれ，将来予定されている作業のみからなっている顧客オーダーと，作業の一部がまだ予定段階にある顧客オーダーが既存オーダーとしてスケジューリングの対象になる．既存オーダーの納期ならびにその時点における残存納期バッファはそのまま引き継がれて，これから実施されるスケジューリングに利用される．これらのオーダーを対象にしてスケジューリングを実行して，新規到着オーダーの納期の見積りと，データが新たに定められた現時点まで仕様未確定であったオーダーのための納期の再見積りが行われ，同時にすべてのオーダーのスケジュールが更新される（納期見積りの詳細については2章を参照）．

f. ダミー・コンポーネントの作業開始の凍結と解除

すでに述べた通り，仕様未確定コンポーネント i の仕様は時刻

$$T_{ij} = E_i + CT_{ij}, \quad j = 1, 2, \cdots, m_i \qquad (7.1 : 再掲)$$

に確定する．ここで，E_i は仕様未確定オーダー i の納期見積り実施時刻，CT_{ij} はオーダー i の仕様未確定コンポーネント j が確定するまでに要する時間，つまり，クリアータイムである．したがって，T_{ij} 以前の時刻において，すなわち，

$$t < T_{ij} \qquad (7.7)$$

によって示される時間域においてダミー・コンポーネント ij は計画レベルのスケジュール中にあっても，ショップスケジュール中に存在してはならない[*6]．納期見積りに用いる計画レベルのスケジューリングシステムには，時刻 T_{ij} において仕様未確定コンポーネント ij の確定通知が到着し，以後はダミー・コンポーネント ij のデータに代わって，仕様確定コンポーネント ij のデータを用いて納期見積りとスケジュールの更新が行われる．

[*6] 計画レベルのスケジュールとショップスケジュールの関係については，4章を参照のこと．

7.5 ● 考　察

　仕様未確定オーダーの発注・受注，ならびにそれに伴う設計・生産という現実の企業で見られる活動を取り上げて，それらの活動の間に見られる論理的また時間的な関係について整理を行った．その結果は一つのモデルとして表されており，本書でいままでに述べたモデルと同様にそれを用いてシミュレーションを実行することができる．しかし，パラメーター数が多く，一般的な性質を示すには数値実験の実施に備えて綿密な計画を立てる必要があるうえ，その結果を示すには多くのページを要するために，それを行うよりむしろ概念の説明に重点を置くことに意義があると思い，本章に示した内容の構成を企てた．全体としてもまた部分的にも実務に役立ついくつかの考え方を示すとともに具体性のある提案をすることができたと考えている．

　たとえば，顧客が仕様未確定の状況下で発注し，製造業者がそれに応じて受注を行うという現実の活動の意義をこのモデルによって説明できるという点が挙げられる．顧客にとっても製造業者にとっても利がある場合，顧客にとって利はあるが製造業者にとってはない場合，顧客にとっても製造業者にとっても利がない場合がある．顧客から発注の要望があった段階でそれが分かる場合もあるし，利がないように見えても製造業者の受注後における活動の仕方次第でそれが変わる場合がある．結果として顧客にとっても製造業者にとっても利がある場合にすることが大切なのであって，このモデルによって示された指針がそれを可能にすることであろう．製造業者にとって利がないという場合の受注は，他の顧客に不利益をもたらさないことが前提でなくてはならず，そのためにはサプライチェーン・マネジメントの基本理念実現の意志が改めて問われる．

　本章で示した考え方に基づいてシステム化を行う場合には受注製品のBOMデータ，さらに製造BOMデータ（M-BOMデータ）の準備が短時間でできなくてはならない．この問題は製造業，とりわけ受注生産企業にとっての懸案の課題であり，そのための研究と開発が進展しつつあるというのが現状である．望まれている事柄はそれぞれの企業で取り扱う製品の設計データを統一した方法に従って蓄積し，また必要なデータを随時に検索できるようにすることである．しかし，絶えず製品の高度化が進んでいる現在の状況下ではデータの量が増加するだけで

7.5 考　察

なくデータ間の関連性が複雑化し，いま述べた方法の開発は決して容易でない．

　ここでは，現実的な観点に立ってデータの取扱いについて述べる．顧客から引合いがあったとき，要求仕様に基づき過去に扱った製品の設計データの中からいくつかの参照可能なものを検索し，それらの情報に基づいて設計技術者が仮の BOM データを構築して，その情報は生産技術部門に回されて製造 BOM データが用意される．製造 BOM の場合は，部品の加工，コンポーネントの組立，製品の組立などの所要作業ごとに蓄積された過去のデータに基づいて必要なデータを用意し，それらの製造 BOM データは本書で述べてきた納期見積り/生産スケジューリング法を用いたシミュレーターに入力されて納期が見積られ，情報として営業部門に送られる．このシミュレーターはリアルタイムにオペレートされている納期見積り/生産スケジューリングのシステムに連動しており，現在と未来における現実の負荷状況を反映したものでなくてはならない．

　これらの仮の BOM データと製造 BOM データは経理部門に回され，価格見積りシステムを用いて材料費・人件費・諸経費が見積られ，それらの合計値に所定の係数を掛けて価格が設定され，営業部門に仮の価格として通知される．営業部門は仮の納期と価格を顧客に提示し，顧客の意向を問うことになる．営業部門は顧客の契約の意向を確認したうえ，要求仕様をさらに具体化してその結果を設計部門に伝える．

　前述した手順に従って今度は具体化された要求仕様に基づいて準最終的な BOM データ，製造 BOM データ，見積り納期，見積り価格が設定され，顧客に提示されて大きな問題がなければ契約が結ばれる．この時点が顧客オーダーの到着時刻であり，いま述べた手続きは本章のみならず本書の各章で前提としているものである．本章で取り扱う問題ではもう一つの処理が追加される．この場合は，おそらく何らかの事情により顧客は提示されたものより早い納期を望んでいるという状況が一般的なものであろう．その連絡を営業部門から受け取った生産技術部門は納期短縮の可能性について検討し，一部のコンポーネントの仕様決定に先立って他のコンポーネントの生産を早く開始することによって納期短縮ができる見込みを得て，さらに設計部門からの協力の確証を得たとしよう．二度目の納期見積りに当たって，BOM および製造 BOM データの蓄積・検索システムを利用できる場合，予想される仕様に近い過去に生産したコンポーネントのデータを得ることは容易であり，それを前述したダミー・コンポーネントのデータとし

て用いることになろう．

　BOM および製造 BOM データの蓄積・検索システム，納期見積り/生産スケジューリング・システム，価格見積りシステムは対象とする製品によって求められる内容は異なったものになる．たとえば，ある工作機械メーカーではそれらのシステム化が進められており，ERP（Enterprise Resource Planning）を用いて営業部門で顧客の示した製品仕様についてのデータをシステムに入力してリアルタイムに求めた見積り納期と見積り価格を顧客に即時回答するという受注活動を行っている[*7]．

　競争力のある製品の場合には，見積り価格における利幅が大きく，納期の余裕も長く見込めるために，製造費やリードタイムの見積り値の精度は必ずしも高くする必要はない．一方，競争が激しい市場において注文をとり，製品を生産する場合には十分に短いリードタイムと適正な価格が求められ，ほとんどの製造業はその範疇に入る製品を生産しているといってよい．そのために，前述したような一連のシステムの構築と利用はいまや受注生産企業の一般的な課題となっている．

7.6 ○ ま と め

　製品の仕様が未確定である顧客オーダーの定義として，製品を構成するコンポーネントの一部が受注時に未確定であるものとした．同時に，製品の仕様が未確定でありながら発注および受注する意義としてリードタイムの短縮がそれによって生じる場合があることを述べた．いま示した仕様未確定オーダーの定義のもとでは，仕様確定過程のモデル化ができる．それは時間の経過とともに仕様未確定コンポーネントが逐次（同時でもよい）確定していく時刻が示されるというもので，その時刻はあらかじめ不明であることが前提となっている．この仕様確定過程のモデルは本章で示した全体モデルの基底を形成している．

　次に，仕様未確定オーダーの納期見積り法を示した．基本的には本書で一貫して用いている納期見積り/生産スケジューリング法を使用するものであるが，とくに二つの点で異なっている．一つは仕様確定オーダーの納期バッファより大き

[*7] 2002 年に ERP（BAAN）の導入を開始し，その後カスタマイズを繰り返して自社に適したシステムの開発を行った．

な初期値を持つ納期バッファを与えるというもので，これによって仕様未確定コンポーネントの作業開始時刻を相対的に遅らせ，仕様未確定オーダーが職場全体のスケジュールへ与える影響を抑制することができる．もう一つは仕様未確定コンポーネントが確定するまでの間，それに代わるダミー・コンポーネントを用いてスケジュールの作成と更新をするというもので，仕様未確定オーダーが多い場合に生じる作業負荷の過小な見積りによってもたらされる弊害の回避に役立つ．仕様未確定オーダーの納期見積りは，その仕様未確定コンポーネントが確定する都度実施され，見積り納期は更新されていく．

このようにして，仕様未確定オーダーを仕様確定オーダーと同様に取り扱って，信頼できる職場全体の生産スケジュールの作成と更新を通して，設計と製造の秩序立った管理の実現に利用できる．とりわけ，個々の仕様未確定オーダーの生産スケジュールから仕様未確定コンポーネントの確定が望まれる時刻の見積りが可能となり，顧客ならびに製造業者の設計部門との間における情報共有を通して営業・設計・製造の諸活動が順調に進展し，見積り納期の遵守が保証されることになろう．

● Q&A（6）

Q　設計変更も受注生産企業が抱える代表的な課題であると思われますが，その取扱いと仕様未確定オーダーのそれとの間に違いはあるのでしょうか．

A　形式的には両者は似ており，設計変更への対応法はここで示したものが利用できます．たとえば，設計変更がコンポーネントについてのものであれば，取替え前の設計がダミー・コンポーネントの設計に，取替え後の設計が仕様確定コンポーネントの設計に対応しておりますので，納期見積りと生産スケジューリングに関しては同じ方法が利用できそうです．

　　しかし，実状についてはかなり異なっているように思います．仕様未確定オーダーの場合は確定時刻があらかじめ不明であっても，時刻も変更の程度も予想して計画が立てられるというところがあります．設計変更の場合は突然通知があったり，さらに実際の生産が始まってから連絡が入ることさえあると聞いております．したがって，設計変更自体は避けられないということであれば，その程度と頻度を減らすことが第一の課題になりま

す．しかし，これは設計プロパーの問題であり，本書の対象から外れます．第二の課題は，情報共有に関する問題です．多くの場合に，設計変更の必要性について最初に気付くのは設計技術者ですから，設計変更の理由と範囲，さらにそれに要する時間を設計部門・生産技術部門・製造部門で共有することは可能であると考えます．それによって，少なくとも変更前の設計に従って実際の生産を行うという大きな無駄は，排除できる機会が増えると思います．また，その情報共有によって，突然の設計変更がもたらす各部門で生じる混乱が回避でき，スムーズな生産活動の遂行が可能になることでしょう．さらに，部門間の連携がそれを契機にして日常化すれば，その利点は製造職場全体にとって計り知れないほど大きな資産になるに違いないと思います．

参考文献

1) M. M. Vig and K. J. Dooley : Dynamic rules for due-date assignment, International Journal of Production Research, Vol. 29, pp. 1361-1377 (1991)
2) S. Eilon and I. G. Chowdhury : Due dates in job shop scheduling, International Journal of Production Research, Vol. 14, pp. 223-237 (1976)
3) H. J. Gilmore and J. B. Pine : The four faces of mass customization, Harvard Business Review, Vol. 75, pp. 91-101 (1997)
4) 黒田　充, 村松健児編著, 生産スケジューリング（経営科学のニューフロンティア 11), pp. 38-50, 51-77, 164-177, 朝倉書店（2002）
5) 黒田　充：全体最適とサプライチェーン・マネジメント,（黒田　充編著）サプライチェーン・マネジメント, pp. 1-25, 朝倉書店（2004）
6) 黒田　充：MRPからAPSへ—新しい生産管理概念の形成とその論理構造について—, 日本OR学会創立40周年記念事業特別研究プロジェクト研究グループG2, APSの調査と研究, pp. 2-20, 日本オペレーションズ・リサーチ学会（2003）
7) 黒田　充：仕様未確定オーダの納期見積りと生産スケジューリング, スケジューリング・シンポジウム2008講演論文集, pp. 205-210, スケジューリング学会（2008）
8) M. Kuroda, H. Shin and A. Zinnohara : Robust scheduling in an advanced planning and scheduling environment, International Journal of Production Research, Vol. 40, pp. 3655-3668 (2002)
9) M. Kuroda and Y. Fuzino : Effect of due date buffers on estimating earlier due dates in an APS environment, Electronic Proceedings of 17th International Conference of Production Research, Blacksburg, Virginia USA (2003)
10) M. Kuroda and Y. Fuzino : Scheduling based due date estimation with dynamic pegging for varying customer order specifications, Proceedings of 35th International Conference on Computers and Industrial Engineering, Istanbul, Turkey, pp. 1247-1252 (2005)
11) M. Kuroda and H. Mihira : Strategic inventory holding to allow the estimation of earlier due dates in make-to-order production, International Journal of Production Research, Vol. 46, pp. 495-508 (2008)
12) M. Kuroda and H. Mihira : Optical allocation of module inventories for the estimation of earlier due dates subject to volatile customer demand, Journal of Industrial Management Association, Vol. 59, pp. 105-117 (2008)
13) M. Kuroda : Due-date estimation and production scheduling for customer orders with unfixed specification, Journal of Advanced Mechanical Design, Systems, and Manufacturing, Vol. 4, pp. 559-568 (2010)
14) M. Kuroda and M. Kida : Manufacturer due dates to realize efficient coordination among supply chain parties in a make-to-order context, Journal of Industrial Management Association, Vol. 61, pp. 149-160 (2010)

15) M. Kuroda and K. Takeda：General structure and characteristics of quick response production system, Computers & Industrial Engineering, No. 35, pp. 399-402 (1998)
16) S. Kotha：Mass customization―implementing the emerging paradigm for competitive advantage, Strategic Management Journal, Vol. 16. pp. 21-42 (1995)
17) D. G. Goldberg and J. J. Richardson：Genetic algorithm with sharing for multi-modal function optimization, Proceedings of the Second International Conference on Genetic Algorithms, pp. 41-49 (1987)
18) M. K. Starr：Modular production ― a new concept, Harvard Business Review, Vol. 43, pp. 131-142 (1965)
19) J. M. Swaminathan and H. L. Lee：延期戦略の設計，（黒田　充，大野勝久監訳）サプライチェーンハンドブック，pp. 187-212，朝倉書店（2008）
20) 関根智明監訳：スケジューリングの理論，日刊工業新聞社，pp. 313-353（1971）
21) 高橋邦芳：製造業の利益最大を目標とするスケジューラー Asprova APS の設計思想，スケジューリング・シンポジウム 2008 講演論文集，pp. 85-90，スケジューリング学会（2008）
22) K. Takeda and M. Kuroda：Analysis of multi-stage production/inventory system, Computers & Industrial Engineering, No. 34, pp. 725-728 (1997)
23) P. S. S. Chinnaiah and S. V. Kamarthi：マスカスタマイゼーションと製造，（黒田　充，門田安弘，森戸　晋監訳）生産管理大辞典，pp. 536-544，朝倉書店（2004）
24) F. Chen：情報共有とサプライチェーンの協調，（黒田　充，大野勝久監訳）サプライチェーンハンドブック，pp. 317-396，朝倉書店（2008）
25) 中野一夫：リアルタイム型 APS の仕組みと事例紹介，日本 OR 学会創立 40 周年記念事業特別研究プロジェクト研究グループ G2，APS の調査と研究，pp. 90-112，日本オペレーションズ・リサーチ学会（2003）
26) 並木高矣：工程管理の実際（第 4 版），pp. 33-35，日刊工業新聞社（1982）
27) 西岡靖之：APS，日本プラントメンテナンス協会（2001）
28) 日本経営工学会編，生産管理用語辞典，日本規格協会，pp. 341-342（2002）
29) 野本真輔，中野一夫：APS（Advanced Planning & Scheduling）の概念と具現化するためのパッケージ，生産スケジューリング・シンポジウム '98 講演論文集，pp. 119-124，スケジューリング学会（1998）
30) 長谷川幸男編：多品種少量生産システム（第 2 版），pp1-6，日刊工業新聞社（1984）
31) 林　謙三：生産 WBS 入門―個別設計生産のマネジメント，オーム社（2007）
32) 冬木正彦，井上一郎：バックワード/フォワード・ハイブリッドシミュレーション法に基づく個別受注生産における納期重視型生産スケジューリング，日本経営工学会誌，Vol. 46, pp. 144-151（1995）
33) B. Fleischmann and Meyr：階層的計画・モデル化・先進的計画システム，（黒田　充，大野勝久監訳）サプライチェーンハンドブック，pp. 429-493，朝倉書店（2008）
34) J. W. M. Bertrand：サプライチェーンの設計②：柔軟性の考慮，（黒田　充，大野勝久監訳）サプライチェーンハンドブック，pp. 124-186，朝倉書店（2008）
35) 水野幸夫，小柳芳雄訳：コンピュータシミュレーション，培風館，pp. 112-115（1971）
36) D. R. Moodie：Demand management―the evaluation of price and due date negotiation using simulation, Production and Operations Management, Vol. 8, pp. 151-161 (1999)
37) J. R. Rajasekera：光ファイバーケーブル工場における対話型スケジューリングについて，

オペレーションズ・リサーチ，Vol. 40, pp. 250-254 (1995)
38) J. R. Rajasekera, M. R. Murr, K. C. So : A due-date assignment model for a flow shop with application in a lightguide cable shop, Journal of Manufacturing Systems, Vol. 10, pp. 1-7 (1991)
39) R. L. LaForge, S. N. Kadipasaoglu and V. Stridharan : スケジュールの安定性, (黒田 充, 門田安弘, 森戸　晋監訳) 生産管理大辞典, pp. 290-293, 朝倉書店 (2004)

記号一覧表

記号	説明	掲載章
E_i	顧客オーダー i の納期見積り実施時刻	2章
D_i	顧客オーダー i の見積り納期	2章
$ET_i(E_i)$	E_i において求められた顧客オーダー i の見積り完了時刻	2章
$ET_i(t)$	時刻 t において求められた顧客オーダー i の見積り完了時刻	2章
$DB_i(E_i)$	顧客オーダー i の納期バッファの初期値	2章
$DB_i(t)$	時刻 t における顧客オーダー i の納期バッファの値	2章
ET_i	$ET_i(E_i)$ を簡略した表記法	2章,4章
DB_i	$DB_i(E_i)$ を簡略した表記法	2章,4章
I	スケジューリングの対象になっている顧客オーダー i の集合	2章,4章
D_i^m	顧客オーダー i のメーカー理想納期	4章
D_i^c	顧客オーダー i の顧客要求納期	4章
$LT_i(E_i)$	納期見積り時 E_i における顧客オーダー i の見積りリードタイム	4章
α	D_i^m を中心とするばらつきの程度を示すパラメーター $(0 \leq \alpha < 1)$	4章
α^L	D_i^m を中心とするばらつきの上限を示すパラメーター $(0 \leq \alpha^L < 1)$	4章
α^U	D_i^m を中心とするばらつきの下限を示すパラメーター $(0 \leq \alpha^U < 1)$	4章
M	中間製品の種類	5章
m	モジュールの種類	5章
m/M	中間製品中に占めるモジュールの割合	5章
m-ratio	(モジュールと最終製品を結ぶリンク数/中間製品と最終製品を結ぶリンク数)×100%	5章
P	期数	5章
k	自己相関における遅れの大きさ	5章
L	遅れ k の限界	5章
$\rho(k)$	遅れ k の自己相関関数	5章
$\phi(k)$	時系列データ X_t, X_{t+k} 間の共分散	5章

$\phi(o)$	時系列データ X_t の分散		5章
Max	発注パラメーター		5章
l_0	発注パラメーターが0のときの平均リードタイム		5章
l_h	発注パラメーターが h のときの平均リードタイム		5章
$Max(q)$	モジュール q の発注パラメーター値		6章
Q	モジュールの候補の数		6章
X	モジュール在庫配置問題の解,すなわち $\{Max(1), Max(2), \cdots, Max(Q)\}$		6章
$T(X)$	総モジュール在庫投資額		6章
I_q	モジュール q の平均在庫量		6章
r_q	モジュール q の平均在庫量を在庫投資額に変換するための係数		6章
$r_q I_q$	モジュール q の在庫投資額		6章
$r_q Max(q)$	モジュール q の在庫投資額の近似値;この場合は (Max, Max) 方式が用いられているものとする.		6章
$C(q)$	モジュール q の設計変更を含むそのモジュール化のための投資額		6章
$[R(q)]$	パレート最適解が示す非劣解のモジュール別の傾向を知るために算出した,それぞれの平均値を整数値に切り上げたもの		6章
CT_{ij}	仕様未確定オーダー i の未確定コンポーネント j の確定に要する時間;クリアタイムと呼ぶ.		7章
$max_j\{CT_{ij}\}$	最大クリアタイム:仕様未確定オーダー i の仕様確定に要する時間		7章
T_{ij}	仕様未確定オーダー i の未確定コンポーネント j が確定する時刻		7章
T_{ij}^{max}	仕様未確定オーダー i のすべての未確定コンポーネント j が確定する時刻,つまり,仕様未確定オーダー i の確定時刻		7章
B_i	仕様未確定オーダー i に与える短納期バッファと長納期バッファ初期値の違い;その大きさと最大クリアタイムの大小関係によって仕様未確定オーダーとしての取扱いの妥当性が異なる.		7章
γ_i	納期バッファの初期値を決める係数;仕様未確定オーダーの納期の決定に当たってパラメーターとして利用する.		7章

ST_i	仕様未確定オーダーの計画レベルのスケジュールにおける生産着工時刻	7章
$CT_{ij}(\gamma_i)$	望ましいクリアータイムである理想クリアータイム	7章
$T_{ij}(\gamma_i)$	未確定コンポーネントの理想確定時刻	7章
$D_i(\gamma_i)$	仕様未確定オーダー i の見積り納期	7章
E_i^p	仕様未確定オーダー i の再納期見積り実施時刻	7章
$D_i^p(\gamma_i)$	仕様未確定オーダー i の再見積り納期	7章
D_i^p	$D_i^p(\gamma_i)$ を簡略した表記法；図においてのみ使用	7章
ET_i^p	再納期見積り実施時刻における仕様未確定オーダー i の見積り完了時刻	7章
CS_i^p	再納期見積り実施時刻までに消費された納期バッファ	7章
$\gamma_i DB - CS_i^p$	再納期見積り実施時刻における残存納期バッファ	7章

索　引

欧　文

APS（Advanced Planning and Scheduling）
　5, 6, 9, 24, 46
　――の意義　22

BOM（製品構成）　15, 119, 125, 132
BOMデータ　134
BS規則　26

CON規則　23

DIQ規則　24

ERP（Enterprise Resource Planning）　136

FCFS規則　23

GA（Genetic Algorithm）　102, 110, 116
　――によるパレート最適化　104, 108, 116

JIQ規則　24

M-BOM（製造BOM）　119, 125, 132
（Min, Max）方式　13, 87, 101
MPS（Master Production Schedule）　47
　――の部分的凍結　47
　スケジュール（MPS）の過敏症　47
MRP（Material Requirement Planning）　5, 46
MRP Ⅱ（Manufacturing Resource Planning）　5

NOP規則　23, 24

RDM規則　23

SCM（Supply Chain Management）　1, 2, 8, 64, 67
SLACK規則　23
SPT規則　23, 26
（$S-1, S$）方式　87
（s, S）方式　87

TWK規則　23, 24

ア　行

隘路工程　35, 39, 82

遺伝的アルゴリズム（GA）　14, 102

営業部門　12, 119, 135

親子関係　119
親コンポーネント　15, 119
　――の子供コンポーネントからの仕様独立性　121

カ　行

解集合（母集団）の大きさ　103, 110
階層的優先規則　26
価格見積りシステム　135, 136
確定過程のモデル　121
加工経路　29, 30, 32, 107
加工工程　34, 35, 42, 90, 107
加工作業　50
加工手順　29, 34
　――の変更　62
下層モジュール　107, 113
稼働率　29, 44, 81, 94

企業間連携　2, 81, 95
企業文化　8
既存オーダー　26, 27, 50

休日出勤　7,12,22
兄弟コンポーネント　120
兄弟コンポーネント間の仕様独立性　120
協働（コラボレーション）　5,64

組立工程　34,35,42,90,107
組立作業　50,125
クリアータイム　122,127
クロスファンクショナル　5
グローバル化　81

計画在庫　48,61
経理部門　135
計量化　17
結果の再現性　18
現物在庫　48,61

購買オーダー　50
合理主義　79
合理性　81,117
　——の欠如　8
顧客　16,65,78,81
顧客オーダー　7,11,25
　——の仕様変更率　54,55,56,57
　——の処理件数　97
　——のスケジュール　9
　——の到着　131
　——の取消し　52
　——の平均処理件数　94,96
　——の平均リードタイム　115
顧客価値　2,8,64
顧客との情報共有　130
顧客要求納期　11,67,74,76
顧客要求納期ランダム度係数　67,73,74
　　対称的モデル　68
　　非対称的モデル　68
子供コンポーネント　15,119
個別生産　3,46
混合納期バッファ方策　41,42

サ　行

在庫投資係数　106
在庫品の陳腐化　98

最終消費者　1,2,64
最終製品とモジュールの包括的構成関係　105
最終製品の需要パターン　106
最終製品の製造BOM　105
最小作業時間規則（SPT規則）　23
最早値　52
　　加工開始時刻の——　52
　　加工終了時刻の——　52
　　組立開始時刻の——　52
　　組立終了時刻の——　52
最大クリアータイム　125
最適モジュール配置　111
作業時間　44,62,87
作業者の負荷の軽減　81
サプライチェーン追加費用　12,71,76
サプライチェーン・マネジメント　1,64,67
　——の基本理念　134
残業　7,12,22
産業文化　95
残存納期バッファ　128,129,130,133
暫定的納期　125

時間経過率　123
自己相関のある時系列　89,96,100
資材制約　59
資材調達　46
自然回復法　126,127
シミュレーション　10,11,17,22,23,26
シミュレーション・ベースのスケジューリング　6
受注生産　3,5,84,95,117
受注生産企業　6,11,13,95,136
受注生産状況　5,9,10,14,85
受注生産状況下　9,71,118
受注量の増大　13
需要の時系列における自己相関　94,96,100
　　自己相関関数　90,107
需要の不規則性　13
需要パターンの変化　113
仕様確定オーダー　131
仕様確定過程のモデル化　118,136
仕様確定コンポーネント　120
少種多量生産　3,4

索　引

上層モジュール　107, 112
消費された納期バッファの大きさ　129
仕様変更率　55
情報共有　1, 2, 5, 65, 78, 79, 138
　　企業間情報共有　3
　　部門間情報共有　2
情報の価値　11, 12, 67, 68, 71
　　——の定量化　67
仕様未確定オーダー　15, 117, 124, 130
　　——の仕様確定時刻　122
　　——の納期の再見積り　129, 133
　　——の納期見積り　122, 137
　　——の見積り納期　127
仕様未確定コンポーネント　120, 121
　　——の確定時刻の見積り　137
　　——の確定通知　131, 133
　　——の仕様確定時刻　121, 122
小ロット生産　4
ジョブショップ率　29, 31, 73
　　仮想的なジョブショップ　30
　　典型的なジョブショップ　30, 74, 76
　　フローショップ　30, 31, 32, 74, 76
新規到着オーダー　25, 26, 27, 126

スケジューリング　6, 10, 44, 69
　　——の融通性　10, 32, 43, 60, 78
　　ショップスケジューリング　69, 74
　　中短期的（計画レベルの）スケジューリング　44, 69, 74
　　調整スケジューリング　69
スケジュール
　　——の融通性　44
　　ショップスケジュール　69
　　中短期的（計画レベルの）スケジュール　8, 69, 133
スラック時間規則　23

正規稼働時間外作業時間の総和　71
生産オーダー　49
生産技術部門　12, 16, 119, 127, 135
生産能力の柔軟性　7, 22, 96, 126
生産の質的変化　5
生産費用の削減　81

製造 BOM（M-BOM）　119, 125, 132
製造 BOM データ　134
製造 BOM・BOM データの蓄積・検索システム　135, 136
製造費用　8
製造部門　12, 16, 130
製番管理方式　46
製品価格　8
製品構成　34
　　——の複雑性　40
製品寿命　14
製品仕様　10
製品設計段階でのモジュール化　83
設計技術者　138
設計部門　12, 16, 119, 126, 127, 135
設計変更　4, 62, 137
　　——の必要性　138
　　——の理由・範囲・所要時間　138
設備故障　62
設備の稼働率　13
説明方法の類型化　18
全体スケジュール　9
占有権を認めない優先規則　27

総在庫投資額　14, 101, 106, 109, 115
総残業時間　75

タ 行

対称的モデル　68, 73
ダイナミック・ペギング　48, 51, 58
多種少量生産　3, 4
ダミー・コンポーネント　126, 132, 133, 135, 137
　　——の作業開始の凍結　133
ダミー・コンポーネント法　126, 127
多目的最適化問題　103
単一納期バッファ方策　40, 55
段取り回数　45
段取り替え　44
短納期バッファ　40, 123, 124

遅延戦略（ポストポーメント）　4
中間製品　83, 84, 88, 95, 96

——の共有化　12,83
——の最適在庫量　84
——の陳腐化　14
中間製品中に占めるモジュールの割合　91
中短期生産スケジューリング　15
中短期的生産スケジュール　9,11,13,14,25
注文の資材への引当て・再引当て　48
長納期バッファ　40,123,124
陳腐化　4,98,115

追加金の係数　80

特注品のコンポーネント　132
特急オーダー　50
特急処理　43,59
取引慣習　8
トレードオフ曲線　79
　　最小トレードオフ曲線　79
　　最大トレードオフ曲線　79

ナ　行

納期　6,69
　　——の定義　45,69
納期遅れ　10,12,24,25,60,69
納期遅れ件数（納期遅れ発生回数）　23,57,74
納期オーダー　9
納期回答　65
納期後実施必要作業時間　71,75
納期短縮　12
　　——の可能性　135
納期バッファ　10,25,55,58,60,78
　　——の最終値　45
　　——の残存量　33
　　——の初期値　26,81
　　——の初期値を決める係数　127
　　——の有効性　29,40
　　変化に対する迅速な対応力　60
納期バッファ値　43
納期バッファ比　54,73,74,77
納期変更　130
納期見積り　6,9,15,26,53,58,65,125
納期見積り実施時刻　26,67,129

納期見積り/生産スケジューリング・システム　136
納期見積り/生産スケジューリング法　47,72,81,102,129
　　——の頑健性　11

ハ　行

ハイブリッドシステム（生産方式）　13,85,96,100
バックワード・シミュレーション　26,28
発注量の減少　52
発注量の増加　52
パートナー　64,67,81,95
パレート曲線　15,103,109
パレート最適化　103,107
パレート最適解　14,15,109

非対称的モデル　68
非標準品　85
標準品　85
　　——のコンポーネント　132
平等性　8
非劣解　15,103,109,115,116
　　——の最適性　115,116
　　——の多様性　103,115,116

フォワード・シミュレーション　26,28,72
負荷の平準化　43
複合規則　26,72
複数の評価関数値　103
部門間連携　12,95,138
プレイヤー　66

平均作業時間　35
平均リードタイム　55,74,102,109,109
　　——の短縮率　91
便益　65,67

包括的製品構成　99,101
包括的製品構成図　14
母集団の大きさ　103,104,110
母集団の更新回数（世代交代数）　104,110
ポストポーメント（遅延戦略）　4

マ 行

マスカスタマイゼーション　83
待ち行列網　6,65

未確定コンポーネントの理想確定時刻　128
未確定コンポーネントの理想クリアータイム
　　128
見込生産　3,13,85,95,132
見積り完了時刻　25,45
見積り実施時刻　25
見積り納期　45,125,129,137

メーカー理想納期　11,66,74,76
　　──からの隔たりと追加金のリスト　80

モジュール　88
　　──の開発に要する費用　102
　　──の開発費用　115
　　新しいモジュールの導入　114
　　既存のモジュールの廃止　114
モジュール化　83,84
　　──の程度の尺度　87
　　──のリスク　84,98
モジュール化率　13,87,88
モジュール在庫　14,113
　　──の最適化　113
　　──の増加　92
　　──の陳腐化　115
　　──の比重　112

モジュール在庫投資　13
モジュール在庫配置の最適化　100
モジュール在庫量　15
モジュール生産　83
モデル構成　11,17
モデルの単純化　17
モニタリング機能　118

ヤ 行

夜間操業　7,12,22,81
山積み　7

有限山積み法　43
優先規則　23

ラ 行

リスク　4,98,115
理想クリアータイム　127
リードタイム　4,10,23,56,85
　　──の短縮　13,56,84,96

連続生産　3

労働組合　8
　　企業別組合　8
　　産業別組合　8
ロットサイズ　44
ロット生産　3
ロット分割　44

著者略歴

黒田　充（くろだ・みつる）

- 1937年　京都府に生まれる
- 1966年　早稲田大学大学院理工学研究科機械工学専攻
  生産管理学専修博士課程修了
- 1969年　工学博士（早稲田大学）
- 1969年　青山学院大学理工学部経営工学科助教授
- 1978年　同教授
- 2005年　青山学院大学名誉教授
- 主　著　『ラインバランシングとその応用』日刊工業新聞社
  『生産システム』（共著）日刊工業新聞社
  『生産管理システムの設計』（共著）日本能率協会
  『生産管理』（共著）朝倉書店
  『生産スケジューリング』（編著）朝倉書店
  『サプライチェーン・マネジメント』（編著）朝倉書店

サプライチェーンマネジメント講座 1
納期見積りと生産スケジューリング
―受注生産状況下での情報共有と連携―　　定価はカバーに表示

2011年10月20日　初版第1刷

著　者　黒　田　　　充
発行者　朝　倉　邦　造
発行所　株式会社　朝　倉　書　店
　　　　東京都新宿区新小川町6-29
　　　　郵便番号　162-8707
　　　　電　話　03(3260)0141
　　　　FAX　03(3260)0180
　　　　http://www.asakura.co.jp

〈検印省略〉

© 2011 〈無断複写・転載を禁ず〉

真興社・渡辺製本

ISBN 978-4-254-27541-4　C 3350　　　　Printed in Japan

広島県立大 上野信行著
サプライチェーンマネジメント講座2
内示情報と生産計画
――持続可能な社会における先行需要情報の活用――
27542-1 C3350　　　　　　A 5 判 216頁 本体3600円

生産内示の情報を生産活動に効果的に活用する方法と実際を解説し「内示情報の生かし方」を体系化した初の書。〔内容〕内示情報の活用／内示情報を用いた生産計画／内示情報を用いた生産情報システム／内示情報を用いた生産計画モデルの拡張

愛工大 田村隆善著
サプライチェーンマネジメント講座3
生産・発注の平準化
――SCMを成功に導くその理論的背景――
27543-8 C3350　　　　　　A 5 判 144頁 本体2800円

メーカーとサプライヤー間の連携を簡単なルールで行うことができる有力な方法の平準化につき、具体例を交えながら解説した初の書。〔内容〕JIT生産システムと平準化／混合品種組立ライン製品投入順序計画／平準化の効果／MRPと平準化

神戸大 貝原俊也・大阪府大 谷水義隆・阪大西　竜志著
サプライチェーンマネジメント講座4
企業間の戦略的提携
――マルチエージェント型交渉戦略によるSCMの効率化――
27544-5 C3350　　　　　　A 5 判 192頁 本体3400円

効率的SCMを実践する際に重要となる、企業間でWin-Winの関係を対等に構築する戦略的提携の必要性を平易に解説。〔内容〕基本アルゴリズム／インバウンド；オペレーション；プランニング／アウトバウンド；オペレーション；プランニング

東京海洋大 久保幹雄著
サプライチェーンマネジメント講座5
サプライチェーンの最前線
――統一言語によるアプローチ――
27545-2 C3350　　　　　　A 5 判 176頁 本体3200円

最新の研究動向とその適用法を解説し、最適化モデルを記述するための言語を明示。〔内容〕関連モデル／最適化言語／ロットサイズ決定／スケジューリングモデル／在庫モデル／配送計画モデル／帰着と変形とは／システム設計モデル／他

愛知工大 大野勝久著
サプライチェーンマネジメント講座6
サプライチェーンの最適運用
――かんばん方式を越えて――
27546-9 C3350　　　　　　A 5 判 230頁〔近　刊〕

原材料・部品の調達から生産・物流・販売を経て最終消費者に至るサプライチェーンの最適運用を〔内容〕ブルウィップ効果／プル方式とその最適設計／確実環境下のJIT／シミュレーション／マルコフ決定過程／強化学習と近似DP／他

前青学大 黒田　充・東海大 村松健児編
経営科学のニューフロンティア11
生産スケジューリング
27521-6 C3350　　　　　　A 5 判 292頁 本体5400円

背景、概念、手法、モデル等を平易に解説。実践に役立つテーマも収載。〔内容〕問題の分類／手法の体系／シミュレーション／待ち行列網解析／ニューラルネット／グラフ理論／動的計画法／ラグランジュ乗数法／ラグランジュ緩和／各モデル他

A.G.デコック・S.C.グレイブス編
前青学大 黒田　充・愛工大 大野勝久監訳
サプライチェーンハンドブック
27013-6 C3050　　　　　　A 5 判 736頁 本体24000円

〔内容〕序章／設計と計画――戦略的モデルと戦術的モデルに対する最適化技法の応用／設計：安全在庫配置とサプライチェーン構成／設計：柔軟な考察／延期の設計／契約によるサプライチェーンの調整／情報共有とサプライチェーンの協調／サプライチェーンマネジメントにおける戦術的計画モデル／計画階層性、モデリングおよび先進的計画システム／運用：直列および分配在庫システム／運用：受注組立生産システム／運用計画：計画概念の定義と比較／輸送運用のダイナミックモデル

P.M.スワミダス編
前青学大 黒田　充・目白大 門田安弘・早大 森戸　晋監訳
生産管理大辞典
27007-5 C3550　　　　　　B 5 判 880頁 本体38000円

世界的な研究者・製造業者が一体となって造り上げた105用語からなる中項目大辞典。実際面を尊重し、定義・歴史的視点・戦略的視点・技術的視点・実施・効果・事例・結果・統括的知見につき平易に解説。950用語の小項目を補完収載。〔内容〕SCM／MRP／活動基準原価／環境問題／業績評価指標／グローバルな製造合理化／在庫フロー分析／資材計画／施設配置問題／JIT生産に対するかんばん制御／生産戦略／製品開発／総合的品質管理／段取り時間の短縮／プロジェクト管理／他

上記価格（税別）は 2011 年 9 月現在